U0495879

求是·文库

中国稳健前行

"中国之治"的制度优势

中央网信办
求是杂志社 课题组○编写

红旗出版社

图书在版编目（CIP）数据

中国稳健前行 / 中央网信办，求是杂志社课题组编写. -- 北京:红旗出版社, 2019.10
ISBN 978-7-5051-4946-5

Ⅰ.①中… Ⅱ.①中…②求… Ⅲ.①中国经济—经济发展—研究②社会发展—研究—中国 Ⅳ.①F124②D668

中国版本图书馆CIP数据核字(2019)第205386号

书　　名	中国稳健前行		
编　　者	中央网信办 求是杂志社 课题组		
出 品 人	唐中祥	审　　稿	毛传兵　徐澜
总监制	褚定华	特约审校	蔡文彪　希言
责任编辑	吴琴峰	封面设计	李妍
责任印务	金硕	版式设计	蔡庆有
出版发行	红旗出版社		
地　　址	（北方中心）北京市沙滩北街2号	邮政编码	100727
	（南方中心）杭州市体育场路178号	邮政编码	310039
编辑部	0571-85310467		
E - mail	hqwqf@163.com	发 行 部	（北京）010-57270296
图文排版	杭州润竹文化创意有限公司		（杭州）0571-85311330
印　　刷	浙江全能工艺美术印刷有限公司		
开　　本	710毫米×1000毫米　1/16	图　　幅	60
字　　数	270千字	印　　张	18.25
版　　次	2019年11月北京第1版	印　　次	2020年4月第2次印刷
ISBN 978-7-5051-4946-5		定　　价	78.00元

欢迎品牌畅销图书项目合作　　联系电话：（北京）010-57274627　　（杭州）0571-85310181
凡购本书，如有缺页、倒页、脱页，本社发行部负责调换

版权所有
翻印必究

红旗出版社
HONGQ PRESS
推动进步的力量

出版说明

新中国成立七十年来，中国共产党领导人民创造了世所罕见的经济快速发展奇迹和社会长期稳定奇迹，"中国号"巨轮乘风破浪，向着民族复兴的伟大目标稳健前行。中国共产党第十九届中央委员会第四次全体会议审议通过了《中共中央关于坚持和完善中国特色社会主义制度、推进国家治理体系和治理能力现代化若干重大问题的决定》。为充分展现中国特色社会主义制度所带来的政治稳定、经济发展、文化繁荣、民族团结、人民幸福、社会安宁、国家统一的显著优势，中央网信办与求是杂志社联合组织策划"中国稳健前行"系列理论文章，邀请思想理论界专家学者进行深入阐述。这些文章在求是网首发以来，得到广大网民热切关注，网上网下引发热烈反响。这是顺应理论传播方式新变化、媒体融合新趋势的一次有益尝试。现结集成册，以飨读者。

目录 contents

党的领导

中国特色社会主义实践的独特魅力　　　　　　　　　/ 003
■ 周　文　复旦大学马克思主义研究院常务副院长

党的领导是中国发展的核心优势　　　　　　　　　　/ 012
■ 祝灵君　中共中央党校党建教研部副主任

中国共产党为什么能够创造奇迹　　　　　　　　　　/ 022
■ 王传利　清华大学马克思主义学院教授

经 济

破解政府和市场关系的世界性难题 / 033
■ 逄锦聚　南开大学政治经济学研究中心主任

中国经济的自主发展之路 / 040
■ 侯永志　国务院发展研究中心发展战略和区域经济研究部部长
　贾　珅　国务院发展研究中心发展战略和区域经济研究部调研员

以新发展理念引领我国经济高质量发展 / 047
■ 任保平　西北大学研究生院院长

开放是当代中国的鲜明标识 / 055
■ 桑百川　对外经济贸易大学国际经济研究院院长

"两个毫不动摇"为经济奇迹奠定制度基础 / 064
■ 葛　扬　南京大学经济学院副院长

社会主义市场经济的制度优势 / 071
■ 刘凤义　南开大学马克思主义学院院长

中国经济为什么能够行稳致远 / 078
■ 文　宇

政 治

中国民主道路的四条经验 / 087
■ 房 宁　中国社会科学院政治学研究所党委书记

中国特色社会主义民主的特点和优势 / 096
■ 秦 宣　中国人民大学习近平新时代中国特色社会主义思想研究院院长

从国际比较看中国政治优势 / 106
■ 杨光斌　中国人民大学国际关系学院院长

当我们谈论"民主"时，在谈些什么？ / 115
■ 陈融雪　新华社《瞭望东方周刊》时政新闻中心副主任

"中国奇迹"背后的政治动因 / 122
■ 弘 文

"中国之治"的政治保证 / 129
■ 陈 彤

文 化

厚植文化自信　增强战略定力 / 139
■ 陈先达　马克思主义哲学家

中国特色社会主义理论体系的思想力量 / 151
■ 陈培永　北京大学马克思主义学院副院长

高度文化自信为发展校准航向 / 161
■ 闻　华

当代中国发展的文化优势 / 170
■ 简　辉

法 治

依法治国的中国经验 / 183
■ 冯玉军　中国人民大学习近平新时代中国特色社会主义思想研究院副院长

法治建设是中国持续发展的重要保障 / 192
■ 支振锋　中国社会科学院法学研究所研究员

法治铸就平安中国 / 201
■ 石亚军　中国政法大学原党委书记

司法改革让人民群众感受公平正义 / 211
■ 施鹏鹏　中国政法大学证据科学研究院教授

党 建

锻造中华民族伟大复兴的中流砥柱 / 223

■ 曾 峻 中共上海市委党校副校长

中国共产党的伟大践行、捍卫与创新 / 233

■ 张国祚 中国文化软实力研究中心主任

理想信念坚定是中国共产党人的政治优势 / 242

■ 龚 云 中国社会科学院中国特色社会主义理论体系研究中心副主任

勇于自我革命：中国共产党的鲜明品格 / 249

■ 赵绪生 中共中央党校党建教研部世界政党比较教研室主任

人类命运共同体

人类命运共同体为全球治理提供"中国方案" /259

■ 黄 平　中国社会科学院欧洲研究所所长

思想路线

始终坚持实事求是　时刻保持战略定力 /269

■ 侯惠勤　中国社会科学院马克思主义研究院原党委书记

后　记 /279

中 国 稳 健 前 行

党的领导

- 中国特色社会主义实践的独特魅力
- 党的领导是中国发展的核心优势
- 中国共产党为什么能够创造奇迹

中国特色社会主义实践的
独特魅力

■ 周 文

周 文 复旦大学马克思主义研究院常务副院长、教授、博士生导师，复旦大学习近平新时代中国特色社会主义思想研究工程和当代中国马克思主义研究工程首席专家，复旦大学理论创新研究系列牵头人。主要研究方向为中国特色社会主义政治经济学、马克思主义中国化、中国经济发展与转型等。先后在《人民日报》《求是》《光明日报》《红旗文稿》《中国社会科学》等重要学术刊物和报纸上发表论文200多篇，出版专著《分工、信任与企业成长》《和谐社会制度创新研究》《经济学中国时代》《中国特色社会主义政治经济学与经济学中国时代》等。

内容摘要：从人类文明史的角度看，中国特色社会主义实践具有独特魅力。经济奇迹的背后，本质上是在中国共产党坚强有力的领导下，不断探索国家治理能力和治理体系现代化的历程。发展是解决中国一切问题的"金钥匙"。中国发展既借鉴世界一切优秀文明成果，又坚持走符合自己国情的道路。新时代中国特色社会主义实践将更加充分体现中国的定力、智慧、责任与担当，以不断创新的伟大实践主动回应世界性的发展难题和普遍性的发展困境，确保我国经济社会沿着正确方向持续稳健发展。

新中国成立70年来，中国共产党带领中国人民艰辛探索，在社会主义道路上书写了中华民族走向伟大复兴的壮丽史诗。70年砥砺奋进，中国发展取得了举世瞩目的伟大成就，社会生产力、人民生活水平、综合国力发生了质的跃进，中国人民实现了从站起来、富起来到强起来的历史性跨越。

正是新中国70年发展取得的伟大成就，让世界更多国家越来越关注中国。世界对中国走向"强起来"的关注，不仅仅是因为中国日益增长的综合国力和中国日益走近世界舞台中央的强大影响力，更是因为中国不断增强的"真理的力量"，不断彰显的中国特色社会主义实践的独特魅力。

▌ 始终坚持发展是解决中国一切问题的"金钥匙"

改革开放40多年来，中国之所以取得举世瞩目的辉煌成就，从根本上讲就是抓住了发展是解决中国一切问题的"金钥匙"。在中国特色社会主义现代化道路上，我国对发展的主题从未偏离，并以不断创新的伟大实践主动回应世界性的发展难题和普遍性的发展困境。

党的十八大以来，我们党着眼于全面建成小康社会、实现社会主义现

2017年10月18日至24日，中国共产党第十九次全国代表大会在北京召开。大会强调，围绕回答新时代坚持和发展什么样的中国特色社会主义、怎样坚持和发展中国特色社会主义这个重大时代课题，我们党以全新的视野深化对共产党执政规律、社会主义建设规律、人类社会发展规律的认识，进行艰辛理论探索，取得重大理论创新成果，创立了习近平新时代中国特色社会主义思想。习近平新时代中国特色社会主义思想，是对马克思列宁主义、毛泽东思想、邓小平理论、"三个代表"重要思想、科学发展观的继承和发展，是马克思主义中国化最新成果，是党和人民实践经验和集体智慧的结晶，是中国特色社会主义理论体系的重要组成部分，是全党全国人民为实现中华民族伟大复兴而奋斗的行动指南，必须长期坚持并不断发展。图为2017年10月24日，中国共产党第十九次全国代表大会闭幕会在北京人民大会堂举行。 新华社记者 王 晔/摄

代化和中华民族伟大复兴，以强烈的历史使命感和问题意识前瞻性谋划未来，统筹推进"五位一体"总体布局和协调推进"四个全面"战略布局，抓住改革发展稳定的关键，进一步确立了新形势下党和国家各项工作的顶层设计、战略方向。以习近平同志为核心的党中央为破解发展难题、突围发展困境、厚植发展优势，明确提出"创新、协调、绿色、开放、共享"的新发展理念，深化了中国特色社会主义发展理论，拓展了中国特色社会主义现代化的现实路径。现在，我国已成为世界第二大经济体，形成了世界上人口最多的中等收入群体，每年对世界经济增长的贡献率高达30％左

右，使中国成为世界经济增长的重要引擎。正是有了这些发展积累的雄厚物质基础，从而为我国发展培育了新动力、拓展了新空间，有力推动了中国经济进入由高速增长转向高质量发展的新时代。党的十九大提出，我们要在继续推动发展的基础上，着力解决好发展不平衡不充分问题，大力提升发展质量和效益，更好满足人民在经济、政治、文化、社会、生态等方面日益增长的需要，更好推动人的全面发展、社会全面进步。

▶ 始终坚持改革开放是当代中国发展进步的活力之源

回顾中国特色社会主义建设的伟大成功，重要的一点在于改革开放40多年来中国始终坚持在与世界相联系中发展自身，主动顺应经济全球化潮流，把改革开放作为大踏步赶上时代的重要法宝。

没有改革开放，就没有中国的今天，也就没有中国的明天。习近平总书记强调指出，"在社会主义条件下发展市场经济，是我们党的一个伟大创举"。社会主义市场经济体制既超越了传统计划经济，又超越了资本主义市场经济，不是社会主义与市场经济的简单相加，而是体制机制的重构和再造。正因为如此，我国的社会主义市场经济体制在实践中交出了令世人惊叹的"优秀成绩单"。特别是党的十八大以来，习近平总书记多次亲自主持召开中央全面深化改革领导小组会议，审议、通过重点改革文件300多个，出台1000余项改革举措，党的十八届三中全会确定的改革任务绝大多数已经完成，主要领域改革的主体框架基本确立，改革开放全面深化，经济社会保持健康稳定发展，为继续深化改革奠定了坚实基础和有利条件。

▶ 始终坚持党总揽全局、协调各方

中国特色社会主义现代化建设之所以能取得辉煌成就，最根本的是有中国共产党这个坚强的领导核心。坚持党的集中统一领导，坚持党的科学

理论，保持政治稳定，确保国家始终沿着社会主义方向前进，这是我国国家制度和国家治理体系的显著优势。正是有了中国共产党的坚强领导，才能够把全国各族人民紧密团结起来，形成万众一心、无坚不摧的磅礴力量，取得了举世瞩目的伟大成就。习近平总书记多次强调，"中国特色社会主义最本质的特征是中国共产党领导，中国特色社会主义制度的最大优势是中国共产党领导"。在我国，党的坚强有力领导是政府发挥作用的根本保障。正是有了这一保障，才能成功驾驭我国经济发展大局，保证我国经济沿着正确方向发展。因此，坚持党对一切工作的领导是经过长期实践证明了的中国特色社会主义伟大事业的根本政治优势。

党的领导作用体现为全国一盘棋、集中力量办大事的制度，体现为总揽全局、同向发力的效率，体现为高度的组织、动员能力，体现为长远规划、统筹协调、决策和执行能力。改革开放40多年来，中国大量基础设施建设如高铁、高速公路、西气东输、南水北调、新能源的推广、数字化的生态互联网等等成就显著，天宫、蛟龙、天眼、悟空、墨子、大飞机、5G等重大科技成果相继问世，中国执政党的政治领导和国家力量发挥着非常重要的作用。

▶ 始终坚持以人民为中心，不断增强人民的获得感幸福感安全感

中国共产党人的初心和使命，就是为中国人民谋幸福，为中华民族谋复兴。我们坚持以人民为中心的发展思想，抓住人民最关心最直接最现实的利益问题，不断保障和改善民生、增进人民福祉，促进社会公平正义，健全幼有所育、学有所教、劳有所得、病有所医、老有所养、住有所居、弱有所扶等方面国家基本公共服务制度体系，满足人民多层次多样化需求，使改革发展成果更多更公平惠及全体人民。

新中国成立70年来，中华民族一直以自己的独特智慧谋求发展、战胜贫困，中国的贫困问题得到了根本性、历史性的解决。改革开放40多年来，在现行联合国标准下，中国7亿多贫困人口成功脱贫，占同期全球减

党的十八大以来，我国把扶贫开发摆在突出位置，脱贫攻坚取得了决定性进展，稳步向历史性解决绝对贫困和全面建成小康社会迈进。云南省怒江傈僳族自治州98%以上的国土是高山峡谷，山势陡峭，过去群众要依靠溜索跨越怒江，出行极为困难。如今，怒江傈僳族自治州交通状况得到极大改善，许多溜索被桥梁所取代。

上图是2013年2月2日拍摄的泸水县六库镇双米地村的一名村民从集市上采购年货归来，依靠溜索过怒江。　　　　　　　　　　　　　　　　　　　　　新华社记者　王长山/摄

下图是2016年9月9日拍摄的双向六车道大型公路跨江桥梁——怒江通达桥。

新华社记者　胡超/摄

贫人口总数70%以上。特别是党的十八大以来，5年中全国累计减贫6853万人，消除绝对贫困人口2/3以上，年均减贫1300万人以上，贫困发生率从2012年的10.2%下降至2017年的3.1%。这一人类减贫史上的"中国奇迹"，正是今日中国共产党人为民情怀的最佳注脚。

▶ 不断增强的中国之治与西方之乱的鲜明对比

2008年国际金融危机以来，西方资本主义的生命力受到广泛质疑，越来越多的国家对西方资本主义经济制度、发展模式和民主政治制度的信心开始发生动摇，西方标榜的资本主义制度"优越性"黯然失色。今天的西方世界，由于沉迷于自己的理念而无法自拔，并把这种理念当成衡量现实和实践的标准，从而丧失了解决问题和推进国家发展的能力，治理效能越来越"难看"。特别是个别西方大国奉行自身"优先"战略，重新拥抱贸易保护主义和单边主义，祭起反全球化的大旗，到处"退群"，成为冷战后世界格局和国际秩序不稳定不确定的罪魁祸首。

现在西方世界不仅仅是在经历困境，更是进入了一个"系统性失调"时期。正是西方发展的不确定性和长期低迷，让世界更多向"东"看，从而更愿倾听"中国声音"、期待"中国方案"和"中国智慧"。

党的十八大以来，以习近平同志为核心的党中央不仅着眼于中国自身的发展，更将中国发展放到全球视野中，积极参与全球治理，就世界和平发展的诸多议题提出了一系列的"中国方案"。

"中国方案"在国际社会上的正式提出，凸显出新时代中国特色社会主义的实践经验和时代价值，体现了中国的定力、智慧、责任与担当。

基于自身发展道路的成功，中国适时提出构建人类命运共同体和"一带一路"倡议，将自己在现代化发展中获得的宝贵资金、发展成果、先进技术和脱贫经验，分享和回馈给更多的发展中国家和欠发达国家，用"中国智慧"破解现代化发展的"世界命题"，使更多的发展中国家可以更好搭上驶向现代化发展繁荣的"中国高铁"。

中国道路所蕴含的新国际合作观和合作模式，避免了传统的现代化发展中的地缘竞争陷阱，可以从根本上扭转现代化进程中富国越来越富、穷国越来越穷的局面。这既是对世界未来发展的远见卓识，也是中国道路的世界映象。

▶ 始终秉持中华文化立场，以和而不同的眼光看待多样化的世界

与世界上其他国家和地区追求现代化相比，中华文明5000多年来一脉相承、从未中断，中华文明具有独特的强大内聚力、延续性、包容性和开放性，有着更为丰富的历史资源和文化资源。

近年来，西方社会的一些人总担心中国强大了会对世界构成威胁，这样的疑虑是源于他们在传统的西方文明范式下认识人类社会发展的理念，源于西方现代化的历史逻辑，完全没有顾及和观察到中国道路成功的路径。

中国发展既借鉴世界一切优秀文明成果，又坚持走符合自己国情的道路，并取得了巨大成功，为广大发展中国家走向现代化展示了新的可选途径，给世界上那些既希望加快发展又希望保持自身独立性的国家和民族提供了全新参照。中国道路的成功在人类发展史上开创了现代化的新纪元，具有划时代意义。

习近平总书记指出："国家不论大小、强弱、贫富，都应该平等相待，既把自己发展好，也帮助其他国家发展好。大家都好，世界才能更美好。"中国发展不对任何国家构成威胁，中华民族伟大复兴只会扩大同各国的利益交汇点。当前一些西方发达国家凭借过去西方发展的历史逻辑炒作"修昔底德陷阱"，声称国强必霸，大国崛起必然意味着掠夺与战争，强国即为"强权"与"霸权"，其实这只是西方兴起的历史映象。首先，中国发展的路径不同于西方发展路径；其次，中华文明的包容性和开放性决定了中国人民的梦想与各国人民的梦想息息相通，中国发展不对任何国家构成威胁，中国伟大复兴只会扩大同各国的利益交汇点。中国无论发展到什么

程度，永远不称霸，永远不搞扩张。这既是中国向世界作出的承诺，更体现了中国面对世界不稳定性不确定性所展示出的中国力量和大国担当。

习近平总书记在党的十九大报告中提出，各国人民要同心协力，构建人类命运共同体；要同舟共济，促进贸易和投资自由化便利化，推动经济全球化朝着更加开放、包容、普惠、平衡、共赢的方向发展；要尊重世界文明多样性，以文明交流超越文明隔阂、文明互鉴超越文明冲突、文明共存超越文明优越。中国以共商共建共享理念提出构建人类命运共同体，这不但重构了大国关系的理念，而且颠覆了传统大国关系的理念。这说明，中国不仅以自身发展直接为世界作出巨大贡献，而且胸怀天下、立己达人，为推动人类社会共同进步贡献出中国智慧。

无论世界形势如何发展变化，中国将始终坚持独立自主和对外开放相统一，高举和平、发展、合作、共赢旗帜，积极参与全球治理体系改革和建设。我们坚信，稳健前行的中国，更加开放的中国，必将顺应时代发展潮流，焕发出更加蓬勃的生命力！中国与世界也必将形成更加良性的互动，推动人类文明共同发展繁荣！

党的领导是中国发展的核心优势

■ 祝灵君

祝灵君 中共中央党校党建部副主任、教授、博士生导师,国家"四个一批"人才,全国党建研究会常务理事,中国领导科学学会常务副会长,中国统一战线研究会理事。在《人民日报》《解放军报》《光明日报》《经济日报》《国外社会科学》《中央党校学报》等报刊上发表科研论文100多篇,20多篇文章被《新华文摘》和中国人民大学《复印报刊资料》全文转载,出版个人专著、合著13部,主持4项国家社科基金课题、多项省部级课题。

内容摘要：党的领导，是新中国70年最大、最核心的优势。新中国成立以来，中国选择了中国共产党领导的多党合作和政治协商制度，既不同于前苏联的一党制，也不同于西方国家的多党制，这是在中国土壤中"长"出来的新型政党制度。中国共产党历经磨难、曲折，依旧能焕发出新的生命力、迎来新的胜利，这要归功于党高度重视政治建设和思想建设。中国要实现"强起来"的目标，必然会面临全方位国际博弈格局，中国共产党必须继续致力于"做好我们自己的事"，同时致力于拓展和把握好战略机遇期。党有力量，国家就有力量，人民就有信心，民族就有希望。

今年是新中国成立70周年，也是中国共产党执政70周年。这期间，无论经过多少曲折坎坷，中国始终稳健前行，从差一点"被开除球籍"到走近世界舞台的中央。中国能够在较短时间发生翻天覆地的变化，尽管有多方面原因，但最关键的原因是中国共产党的领导。党的领导，是新中国70年最大、最核心的优势。正如习近平总书记所指出的，坚持和完善党的领导，是党和国家的根本所在、命脉所在，是全国各族人民的利益所在、幸福所在。

▶ 以初心使命赢得历史和人民的选择

不少政治学教材经常会提到：政党（party）就是一个"部分"（part）。世界上许多政党只能代表"部分"人的利益，不同的"部分"通过竞争获得执政权，选举结束后，一个最强的"众意"战胜了较弱的"众意"，难以找到人民利益的最大公约数。世界上很多政党的生存目标就是为了执政，认为天下没有不散的宴席，因此政党不需要考虑代表每一个人的利益，自然也就不需要有那么长远的规划和高远的理想。

中国共产党承载的初心使命，就是要回答"从哪里来""到哪里去"。中国共产党是从共产主义远大理想中来，到中国特色社会主义伟大实践中去，始终坚守理想信念；中国共产党从半殖民地半封建的旧中国来，到实现中华民族伟大复兴目标中去，始终承载复兴大任；中国共产党从人民群众中来，到人民群众中去，始终坚持人民立场；中国共产党从艰苦奋斗中来，到伟大胜利中去，始终保持政治本色。历经苦难，才能见辉煌；不经风雨，何以见彩虹。一个国家由一个有理想、有信念、有奉献、有担当的政党长期执政，必定会沿着既定目标砥砺前行，必定会克服一个又一个的苦难、战胜一个又一个的挑战、迎来一个又一个的胜利、进入一个又一个的佳境。没有共产党，就没有新中国；没有共产党，就没有中华民族伟大复兴。

▶ 以党的领导引领国家前进方向

在党和国家的关系上看，西方国家从1500年前后算起进入近代史，在长时间的战争后诞生了民族国家，在探索国家治理过程中诞生了政党，形成了以国家为中心的政治传统，政党的地位并不是那么重要。而中国在1840年以后陷入了内忧外患的黑暗境地，中国人民经历了战乱频仍、山河破碎、民不聊生的深重苦难，在这样的环境中诞生了最有能力"挽狂澜于既倒，扶大厦之将倾"的中国共产党，中国共产党领导全国各族人民在新民主主义革命胜利中缔造了中华人民共和国。党兴国兴，党强国强；强党为强国，强党建强国。

党领导国家，就是要为国家发展进步确立正确的方向。一方面，它能够通过民主集中制原则，调动各方面的积极性和创造性；另一方面，能够形成统一意志，避免国家治理碎片化，培育强大国家能力。只要方向正确、目标精准，中国共产党就能集中力量办成大事、难事、好事。70年来，在中国共产党的坚强领导下，全国各族人民团结一心、迎难而上，开

毛泽东同志在1954年第一届全国人民代表大会第一次全体会议致开幕词时宣布：准备在几个五年计划之内，将我国"建设成为一个工业化的具有高度现代文化程度的伟大的国家"，强调"领导我们事业的核心力量是中国共产党"。左图为毛泽东同志在第一届全国人大第一次会议上致开幕词；右图为毛泽东同志在开幕词中的重要论述。

拓进取、奋力前行，从封闭落后迈向开放进步，从温饱不足迈向全面小康，从积贫积弱迈向繁荣富强，创造了一个又一个人类发展史上的伟大奇迹，中华民族迎来了从站起来、富起来到强起来的伟大飞跃。

▶ 以新型政党制度保证政治秩序

世界上很多发展中国家并非不想静下心来搞发展，而是由于短期执政的机会主义作祟以及执政期间反对党的杯葛，形成了不利于国家长期发展的结局：一个政党一个方案，你方唱罢我登台；你执政，我反对。为反对而反对，为制衡而制衡。制衡完毕，什么也没做；反对完毕，什么也做不了。

西方发达国家政治发展的历史表明，民主并非经济社会全面发展的前提，而是经济社会全面发展的历史成果。因此，"民主是发展的前提"，"我的今天就是你的明天"，这些观点似是而非。其实，很多发展中国家首先缺乏的不是民主，而是实现发展的秩序。

新中国成立以来，中国坚持和完善人民代表大会制度这一根本政治制度，坚持和完善中国共产党领导的多党合作和政治协商制度，这既不同于前苏联的一党制，也不同于西方国家的多党制，这是在中国土壤中"长"出来的新型政党制度。以各民主党派为例，各民主党派代表不同界别，代表了不同的"众意"；民主党派由于汇聚了各方面专业人才，往往能从专业的角度思考问题，对中国共产党的重大决策、立法、人事安排、重大工作安排等提出真知灼见，促使公共政策更加科学。各民主党派成员基本上都是知识分子，我国知识分子有修身、齐家、治国、平天下的情怀和先天下之忧而忧、后天下之乐而乐的优良传统，可以转化为提出诤言的制度渠道，推动实现公共利益最大化。

从政党制度的效能看，越是能代表人民利益的最大公约数，就越有较高的制度效能。世界上绝大部分发展中国家选择两党制或多党制，政党只能代表"部分"人的利益，难以实现人民利益的最大公约数。而且，在不少国家，由于政党竞争，政治稳定成了稀缺品。前苏联的一党制由于缺乏"众意"表达和综合的机制，没有小河，大河之水也会枯竭，人民利益的最大公约数也难以实现。总之，一个国家无论选择什么样的政党制度，都必须以维护稳定为前提，以解放和发展生产力为目标，代表并实现最广大人民的根本利益。

▶ 以选贤任能培养治国人才

大国治理与小国治理的难度有天壤之别，不同文化的国家其治理逻辑有天壤之别，但殊途有同归——国家治理需要优秀治国人才。

当今世界，选举是政治人才诞生的通行之道。不少国家只重"选"，却不重"举"，那些有资本力量做后盾、口才好却缺乏实际治国能力的政客容易当选，难以治好国，国家治理就会出问题。新加坡前总理李光耀先生曾经指出：在一人一票的体制下，有时人民是变化无常的。他们厌倦了生活稳定改善的日子，可能会贸然为了追求新鲜而选择改变现状。而政客最容易做的事情就是发出一些简单的、煽情的呼吁，比如种族自豪感、宗教和文化，或承诺其他民众不甚了解的事情，而不是承诺促进经济发展与增长。

中国数千年来对政治人才既重视"选"，也重视"举"。1938年10月，毛泽东同志在中国共产党扩大的六届六中全会上指出："在这个使用干部的问题上，我们民族历史中从来就有两个对立的路线：一个是'任人唯贤'的路线，一个是'任人唯亲'的路线。"中国共产党始终坚持"任人唯贤"的组织路线，坚持德才兼备、选贤任能，聚天下英才而用之，更好地发挥人民主体作用，依靠民主和法治程序，把优秀的政治人才选拔出

2014年4月18日，时任福建省政和县委书记的廖俊波（中）在该县铁山镇东涧村向花农了解花卉生产情况。廖俊波同志生前是福建省南平市委常委、副市长，武夷新区党工委书记，2015年6月被中央组织部授予"全国优秀县委书记"称号。2017年3月18日，廖俊波同志在赶往武夷新区主持召开会议途中不幸发生车祸，因公殉职。廖俊波同志任职期间牢记党的嘱托，尽心尽责，带领当地干部群众扑下身子、苦干实干，以实际行动体现了对党忠诚、心系群众、忘我工作、无私奉献的优秀品质。

新华社发　徐庭盛／摄

来、使用起来、管理起来，把社会主义国家治理好。

中国共产党的组织工作受党中央委托不断培养好的干部人才，也不断发现各个领域有突出贡献的专业人才，聚天下英才而用之。以党的十八大至十九大期间执行的"千人计划"为例，7000余名海外高层次人才回国，形成了新中国成立以来最大规模的海外人才归国潮；国家通过实施"万人计划"，遴选高层次人才2500余名，建立了国家"万人计划"科学家工作室。在对待外籍人才方面，我国设立了"人才类签证"，颁发新版外国人永久居留身份证，俗称"中国绿卡"，包括CBA球星马布里，小说《牛虻》作者伏尼契的孙女、世界著名核物理专家寒春就取得了中国绿卡。2018年5月2日，诺贝尔奖获得者伯纳德·费林加等7名外籍人士在上海获得"中国绿卡"。

▶ 以党的组织力推进社会转型

马克思、恩格斯曾用"一袋马铃薯"来比喻"一盘散沙"的旧中国。新中国成立以来，曾经"一盘散沙"的基层社会被中国共产党有效地组织起来，进入全方位的社会重建时期。改革开放以来，中国迅速实现了封闭条件下实行计划经济向在开放条件实行市场经济的伟大转变，进一步优化转型，推动基层社会增强流动性、自治性和活力，进入全方位的社会转型时期。

中国基层社会最大的变化是城镇化和人口流动。1978—2017年，中国的城镇化率由17.9%增加到58.52%，39年提高了40个百分点。城镇人口由1.7亿增加到7.92亿，全国人户分离人口2.92亿，其中流动人口2.45亿（2016年底），若以每年城镇化增长率保持1%来算，则意味着每年有1600万~2000万人口要从农村进入城市。中国在较短的时间内实现了绝大部分人口从农民向市民身份的转变，这是世界城镇化史上了不起的奇迹。

今天，中国进入新时代，中国共产党始终坚持以人民为中心，始终顺应时代进步和社会发展趋势，建立"再嵌入"、再组织化的体制机制，突出党的政治功能，提升组织力，以党建引领社会发展与治理，用组织的力量让社会有序，用平台的力量让社会充满活力，构建社会科学治理大格局，建设人人有责、人人尽责、人人享有的社会治理共同体，确保人民安居乐业、社会安定有序。

▶ 以自我革命实现社会革命

中国共产党在党的一大纲领中就郑重提出："党的根本政治目的是实现社会革命。"社会革命具有长期性、系统性、深刻性、艰巨性，可以说伴随中国共产党的一生，而政治革命只是社会革命的一个阶段、一个组成部分。中国共产党坚持和完善中国特色社会主义制度、推进国家治理体系和治理能力现代化，只是社会革命的一个缩影。

治国必先治党，治党务必从严。20世纪60年代初，中国共产党提出"党要管党"，改革开放以后又提出"从严治党"，党的十六大把"党要管党，从严治党"写进党章。党的十八大以来，中国共产党把"全面从严治党"纳入"四个全面"战略布局之中，以打铁必须自身硬为逻辑起点，统揽伟大斗争、伟大工程、伟大事业、伟大梦想，正确处理"自身硬"与"打硬的铁"之间的辩证关系，形成了坚持和加强党的全面领导与全面从严治党融为一体的"大党建"格局。党的十九大提出新时代党的建设总要求，坚持"全面从严治党永远在路上"，进一步加大管党治党力度，努力把中国共产党建设得更加坚强有力。

中国共产党历经磨难、曲折，依旧能焕发出新的生命力，迎来新的胜利，这要归功于党高度重视政治建设和思想建设。"种瓜得瓜、种豆得豆。"中国共产党把政治建设的成果变成了正义的力量，把思想建设的成果变成了真理的武器，再把正义的力量和真理的武器交给人民群众，最终汇聚成推动社会革命的不竭源泉。每一次社会革命的结果，都必然把真理的武器成功转化为中国共产党人自我革命的武器，必然把正义的力量成功转化为中国共产党人自我革命的动力，如此循环往复、生生不息，两股力量互相促进、螺旋式上升，确保中国共产党始终不忘政治本色，永葆先进性和纯洁性，永远走在时代前列。

▶ 以党的领导力铸就国家能力

一般说来，成功的国家治理都离不开强大的国家能力，即对内实现国家认同与统治，对外免受外敌入侵和推进国际和平、发展、进步的能力。由于中国共产党建立了中华人民共和国并且是唯一的执政党，中国的国家能力必然来自党的强大领导力。

从新中国成立至改革开放的近30年里，中国人民在中国共产党的领导下，勒紧裤腰带在一个一穷二白的农业国中建立起了比较完整的工业体系。尽管这个体系与西方发达国家的还有不少差距，但没有这个工业体系作基础，改革开放后的中国不可能华丽转身，一举成为全球制造业大国。如果说，改革开放前中国的成就是政府发挥主导作用和计划在资源配置中发挥指导作用的结果，那么，改革开放后的成功则离不开政府更好地发挥作用和市场在资源配置中起决定性作用。两个不同时期，都体现了中国共产党强大的领导力。

改革开放40多年来，中国的产业升级、技术进步，人民逐步走向富裕安康。与世界许多国家相比较，中国之所以能取得这样的成就，不仅仅是迎头赶上了机遇，还在于中国的体制、大国优势、战略定力，而这一切都离不开中国共产党的领导。在市场经济条件下，科学技术是因为"用"而"好"，不全是因为"好"而"用"。大国有大国的优势，像高铁、重型机械、大数据、人工智能、航空等领域的技术创新，往往需要巨大的消费人口和市场需求提供发展动力，且这些技术只有在使用中才能不断改进和创新。

在经济全球化时代，大宗商品、能源、汇率的价格其实不完全由市场供求关系决定，而经常是由国家能力博弈决定的。而每一次国家能力博弈的结果，必将影响到每一位老百姓以至企业家的命运，最终影响到国家的命运。因此，国家能力对各国国民来说都须臾不可离，一个国家进入全球化程度愈深，愈是进入风险社会，愈是离不开国家能力。中国要实现"强起来"的目标，必然会面临全方位国际博弈格局。党政军民学、东西南北中，党是领导一切的。新时代新使命，中国共产党必须继续致力于"做好我们自己的事"，坚持和完善中国特色社会主义制度、推进国家治理体系和治理能力现代化，把我国制度优势更好转化为国家治理效能，提高推进"五位一体"总体布局和"四个全面"战略布局等各项工作能力和水平。党有力量，国家就有力量，人民就有信心，民族就有希望。

扫一扫：理上网来

中国稳健前行专题音频

中国共产党为什么能够创造奇迹

■ 王传利

王传利 清华大学马克思主义学院教授、博士生导师，中国高等教育学会马克思主义研究分会副会长，中国人权研究会理事。主要研究方向为当代社会主义理论与实践，在中国反腐与廉政研究方面有大量著述。在《政治学研究》《改革内参》等权威刊物发表学术论文200余篇，出版个人专著7部。主持国家社会科学基金项目3项、省级社会科学规划项目1项、教育部社会科学研究基地重点研究课题两项、清华大学"985"计划重点资助项目1项。

内容摘要：中国共产党为什么能够历经磨难而数度凤凰涅槃，并在执政道路上取得非凡的成功，这是由中国共产党自身所具有的独特优势所决定的。她是由理想坚定、境界脱俗、能力超凡、品德高尚、意志坚强的成员构成的伟大政党；她是以马克思主义科学理论武装头脑的学习型政党，坚定地与人民群众站在一起，代表人民群众的根本利益；她有好的传统和作风，纪律严明，组织严密，人数众多，战斗力和动员力强大。历史与实践证明，中国共产党是不断创造出传奇业绩的政治组织。

研究中国问题的世界观察家们有个较为普遍的感觉：中国共产党是一个愈挫愈勇的政治组织，具有脱离险境的神奇力量，不断创造出让人难以置信的传奇业绩。

1927年，国民党制造了惨烈血腥的"四一二"大屠杀，共产党人的鲜血流成河，党员人数锐减到一万多人，党组织遭到严重破坏。但是，白色恐怖没有吓倒共产党人。仅存的英勇的忠诚的共产党员们，从血泊中爬起来，掩埋好同志的尸体，又继续战斗了。他们以武装的革命对付武装的反革命，利用军阀混战的时机，奇迹般地生存下来、发展壮大，探索出农村包围城市的道路。

1930年到1934年，历经国民党反动势力的五次残酷的围剿，中央苏区面临灭顶之灾，中央红军不得不撤离中央苏区，开始了艰苦卓绝的长征。党中央领导红军，万水千山只等闲：血战湘江，攻克娄山关，四渡赤水，爬雪山过草地，突破腊子口，最后在陕北黄土地落脚。他们艰苦奋斗，开荒练兵，恢复生机，兵强马又壮，神奇地开辟出一片红彤彤的边区新天地，迎接新的革命高潮。

1991年，苏东剧变，一大批社会主义国家改旗易帜，世界社会主义运动陷入低潮。国际社会较为普遍地认为，中国共产党将如同多米诺骨牌一样地应苏共倒台之声而垮台。就在一些反共势力叫嚣社会主义"大失败"而弹冠相庆之际，中国共产党领导的社会主义改革开放事业奇迹般地活力四射，1992年到1996年间，中国GDP增长率连续位居世界前茅。中国共产党领导的中国成功地应对纷至沓来的各种灾难：1997年亚洲金融危机，1998年大洪水，2008年汶川大地震、"金融海啸"等。人们不禁要问，中国共产党究竟有何种取之不尽的力量之源，能够历经磨难而数度凤凰涅槃？其实，这是由中国共产党自身所具有的独特优势所决定的。这些独特的优势，至少包括以下五点。

第一，有好的成员。中国共产党是由理想坚定、境界脱俗、能力超凡、品德高尚、意志坚强的成员构成的伟大政党。

人们常说，中国共产党是无产阶级的先锋队，共产党是靠贫苦百姓打的天下。其实，共产党员未必都是出身贫寒。在长征爬雪山过草地时那蜿蜒曲折的以劳苦大众为主体构成的红军队伍里面，还存在着数量可观的出身钟鸣鼎食之家的人。他们出过国，留过洋，吃过洋面包，见过大世面。这些出身豪门的共产党人，凭借其卓越的才华，完全可

《中国共产党章程》指出，预备党员必须面向党旗进行入党宣誓，并明确规定了誓词内容。习近平总书记强调，入党誓词字数不多，记住并不难，难的是终身坚守。每个党员要牢记入党誓词，经常加以对照，坚定不移，终生不渝。图为中国共产党各时期的入党誓词。

新华社 / 发

以享受一种有别于风餐露宿的富贵生活，但为了多灾多难的祖国独立富强，为了受苦受难的奴隶摆脱苦难，他们超越了普通人的思想境界，放弃了万贯家产和优越的社会地位，甘愿在炊断粮绝之际，以皮带野菜充饥，甘愿忍受饥寒。

有首著名的歌曲唱道："黄河之滨聚集着一群中华民族优秀的子孙。"的确，中国共产党队伍里聚集着中华民族最优秀的儿女。党的队伍好比是一个大熔炉，锻造出中国近现代历史上罕见的民族英雄群。在党内，齐聚着运筹帷幄、高瞻远瞩的大政治家，勤勉为公、任劳任怨的党建党务专家，让敌军闻风丧胆、谈笑间樯橹灰飞烟灭的军事将领，经世致用、驾驭资本的财经团队，纵横捭阖、樽俎折冲的外交奇才，铁肩担道义、笔下起惊雷的大文豪，可谓人才济济、星光灿烂。

党的事业之所以能取得辉煌成就，就在于拥有了一大批公而忘私、富有献身精神的优秀共产党人。其中，有"共产党员的意志是钢铁"的江姐，有用生命践行"宁肯少活二十年，拼命也要拿下大油田"誓言的王进喜，有"生也沙丘，死也沙丘，父老生死系"的县委书记焦裕禄，有信奉"一个共产党员爱的最高境界是爱人民"的地委书记孔繁森。他们的年龄、工作岗位不同，有的被称为时代楷模，有的被称为时代先锋，有的被称为人民公仆，但他们都是党的优秀儿女。这支由中华民族的优秀儿女构成的队伍，在一个情况复杂的古老国度，创造出无数的人间奇迹。

第二，有好的理论。中国共产党是以马克思主义科学理论武装头脑的学习型政党。

当今世界存在着许多政党，但是，像中国共产党这样以科学的系统的理论武装头脑的政党并不多见。西方发达国家的政党，没有像中国共产党这样设立了对党员实施理论培训教育的党校，更没有像中国共产党这样建立了严格的党员学习制度。

五四运动时期的一批先进的中国人，经过反复比较探求后，接受了马克思主义，从此获得了强大的思想武器，在精神上获得了主动权。他们以全新的科学眼光观察世界、观察中国。马克思主义吸收和改造了人类思想和文化发展中的一切有价值的东西，是人类思想历史上的壮丽的日出，是科学的世界观和方法论。在如何对待马克思主义的问题上，中国共产党有一个显著的优点，那就是将马克思主义当作行动的指南而不是教条，能够依据马克思主义的立场、观点和方法，深刻地、科学地分析和说明中国共产党领导的革命、建设和改革事业的实际问题，给予中国政治、经济、文化、军事等问题以科学的解释。中国共产党建立了从中央到县一级的党校体系，善于教育全党要用马克思主义武装头脑，创造性地解决新问题，既研究中国革命、建设和改革出现的新情况、新经验、新问题，探索中国特色的社会主义革命、建设和改革的规律，而且还研究当今世界的新变化，批判地吸收和总结各个领域的最新研究成果，保证了中国共产党的理论宝库历久弥新，保证了中国共产党能够依据马克思主义的科学理论制定出科学的路线方针政策。中国共产党重视学习、善于学习。每当中国革命、建设和改革出现重大转折，面临新形势新任务时，党特别强调要加强学习。在党的历史上，党中央曾经多次给党员干部开列必须阅读的马克思主义经典著作的书单。延安时期，党在小小的延安城举办了几十所学校和研究机构，后来发展成为新中国的著名高校、科研院所和中央党校。在延安整风时期，全党通过学习马克思主义、总结历史经验，在毛泽东思想的基础上统一了认识，空前地增强了团结，对于夺取革命战争的胜利起了很大作用。新中国成立前夕，党的工作重心由农村向城市转变，毛泽东号召全党迎接新的挑战，努力学习过去不熟悉、不懂的东西。改革开放时期，接连开展了学习邓小平理论、"三个代表"重要思想、科学发展观的活动。进入新时代后，开展学习习近平新时代中国特色社会主义思想、"不忘初心、牢记使命"等一系列主题教育活动。正是因为党善于根据客观情况的变化，不断提高党员干部的思想认识水平，不断推进和深化马克思主义中国化，党才能够战胜艰难险阻，历经曲折，由弱到强，由幼稚走向成熟，从一个胜利走向另一个胜利。

　　第三，有好的群众关系。密切地保持与群众的血肉联系，不断地巩固这种联系，坚定地与人民群众站在一起，代表人民群众的根本利益，这是中国共产党力量强大、不可战胜的重要原因。

如同希腊神话中的大力神安泰，只有立足于大地才能够吸取无穷力量一样，党只有一刻也不脱离人民群众，才能够获得生命源泉以保持勃勃生机。正是靠着人民群众的坚决拥护和支持，中国共产党才能在九死一生的重重险境中战胜敌人，创造了人间奇迹。

1934年1月，面对国民党反动派疯狂围剿中央苏区的严峻局面，毛泽东气定神闲地说："真正的铜墙铁壁是什么？是群众，是千百万真心实意地拥护革命的群众。这是真正的铜墙铁壁，什么力量也打不破的，完全打不破的。"共产党真心实意地为群众谋幸福，解决群众的生产和生活的问题，如盐的问题、米的问题、房子的问题、衣服的问题、生小孩的问题……"国民党要来进攻红色区域，广大群众就要用生命同国民党决斗。"解放战争之初，我党领导的军队较国民党的部队处于劣势，党中央撤离延安，毛泽东率领区区几百人的昆仑纵队，与胡宗南的20多万大军从容周旋，游刃有余。原因就在于，拥护共产党的人民群众，是保卫党中央的铜墙铁壁。

在三年经济困难时期，共产党员吃苦在前、享乐在后，赢得广大人民群众的衷心拥护。党和人民群众齐心协力，共同渡过难关。邓小平对外宾讲到三年经济困难时期，下放了2000万名职工，"那个时候为什么能这样做？……党的威信比较高，把困难摆到人民面前、对群众讲道理，做了大量的工作"。邓小平这是把党密切联系群众当成了战胜困难的法宝。

第四，有好的组织架构。中国共产党组织严密，人数众多，战斗力和动员力强大。

中国共产党的组织严密，乡村建支部、连队建支部、车间建支部，深入到社会的各行各业，深入到社会的各个细胞。抗日战争中，党组织发挥出强大的宣传群众、教育群众、组织群众的能力，促进全民族的大觉醒，使得黄土高坡上盘算牛羊和庄稼的农民，上海滩上那些在乎高跟鞋、口红、香水的摩登女，北平街头低头拉车谋生计养家糊口的黄包车夫，开始考虑国家命运与个人悲欢的关系了。

党已经由刚成立时的50多位成员，发展到目前拥有9000多万名党员的世界最著名的大党。9000多万名党员，这是一支多么庞大的队伍！无论改革进行得如何全面而深入，党管干部的原则、党指挥枪的原则，始终没有改变，这就保证了党拥有庞大的干部人才队伍，拥有军队这个钢铁长城。党集中统一掌控的各种资源，可以在天灾人祸来临时，转化为攻无不克的磅礴之力。

在自然灾害发生时，中国共产党领导的中国军队可以在最短的时间内，带着救百姓出苦难的救生工具，不怕牺牲地奋战在灾难现场。人们清晰地记得，汶川大地震期间，党发出党员交特殊党费向灾区献爱心的号召。在极短的时间里，8700万名党员交的特殊党费，从机关、学校、矿山、工厂、医院、村寨、军营等祖国的各个角落，汇聚成庞大的抗震救灾的爱心洪流。请问，世界上有哪个政党、哪个政治组织，能够有如此强大的号召力、组织力、凝聚力？

第五，有好的传统和作风，纪律严明。作风建设，是党的建设的重要内容。党自成立以来，不断地整顿党的作风，不断地反对形式主义、官僚主义、命令主义、脱离群众、骄傲自满等恶劣作风，培养出良好的工作作风。党的优良传统和作风，最主要的就是毛泽东曾经总结过的理论联系实际、密切联系群众、批评与自我批评的作风。

人非圣贤，孰能无过？共产党并非生活在真空里，也会犯错误，甚至可能犯很大的错误，但共产党具有有别于其他政党的优良传统和优良作风，那就是善于开展批评和自我批评，善于在错误中改正错误。如同人需要经常洗脸以清理满面灰尘一样，党也经常开展批评与自我批评，以克服思想灰尘的侵袭。党在工作中出现的是非问题，不是靠拳头、刀枪、相互攻击来解决的，而是提倡用说理的办法，用批评与自我批评的方法，也就是用民主的方法，让群众监督的方法，加以科学地解决。党的优秀领导人从来不会认为自己天生就聪明，工作中不会出现瑕疵，相反，坦诚地承认自己的缺点，在改造客观世界的同时改造主观世界，活到老、改造到老、进步到老，做有益于人民的人。

延安整风运动是一次全党范围内的马克思主义的思想教育运动，对于加强无产阶级政党的建设、增强党的战斗力，是一次成功的实践，是一个伟大的创举。图为战士们在进行整风学习。

新华社/发

统一战线，是党的三大法宝之一。团结最大多数人一道为实现党的中心任务而奋斗，是马克思主义策略原则的具体应用，其要义就在于最大限度地团结最大多数人、争取最大多数人，以孤立敌人、瓦解敌人。党拥有宽广胸襟，反对在党内搞小圈子的做法，反对一些人的门户之见，反对将可以争取的人驱赶到敌人方面的狭隘的关门主义。党还有健康的党内生活制度，比如民主集中制；言者无罪、闻者足戒，惩前毖后、治病救人；批评从严、处理从宽，不搞过火斗争、无情打击；谦虚谨慎，戒骄戒躁；等等。健康的党内生活制度，是党充满生机的基础。

毫无疑问，中国共产党是伟大光荣正确的党，但并不意味着党员干部队伍里不会发生腐败现象。中国共产党的性质和宗旨与腐败现象是根本不相容的，党绝对不容忍党内存在的腐败现象。无论是新中国成立初期果断地处决刘青山、张子善，改革开放时期将反腐败定性为决定党和国家生死存亡的一场严峻的政治斗争，还是中国特色社会主义新时代的全面从严治党、严明党的纪律，都是在表明，中国共产党无私无畏，敢于正视腐败现象，敢于同一切消极腐败现象进行毫不留情的斗争。党内没有无视党纪、政纪和法律，胡作非为而逃脱惩处的特权党员。对于作奸犯科者，违法必究，严惩不贷，绝不姑息。党没有因为出现腐败现象而变得软弱，反而因为克服腐败增加了免疫力，变得更加纯洁，更加坚强有力，更加赢得了人民群众的信赖，不断自我革命，使党保持勃勃生机，越来越有战斗力。

扫一扫：理上网来

理论新境界专题

中 国 稳 健 前 行

经 济

- 破解政府和市场关系的世界性难题
- 中国经济的自主发展之路
- 以新发展理念引领我国经济高质量发展
- 开放是当代中国的鲜明标识
- "两个毫不动摇"为经济奇迹奠定制度基础
- 社会主义市场经济的制度优势
- 中国经济为什么能够行稳致远

破解政府和市场关系的
世界性难题

■ 逄锦聚

逄锦聚 南开大学经济学讲席教授、博士生导师，现任中国特色社会主义经济建设协同创新中心主任、国务院学位委员会马克思主义理论学科评议组召集人、马克思主义理论研究和建设工程咨询委员、国家教材委员会教育部哲学社会科学专家委员会委员等职。长期从事经济学教学与研究，发表论文200余篇，出版《中国特色社会主义政治经济学通论》《政治经济学》《经济波动与经济调整》《走向社会主义市场经济》等著述30余部。2006年获中共中央组织部、中共中央宣传部、人事部（现为人力资源和社会保障部）、科学技术部授予的全国"杰出专业技术人才"荣誉称号和奖章。学术成就收入《20世纪中国科学家学术成就概览·经济学卷》。

内容摘要：中国经济奇迹得益于正确处理好政府和市场的关系。如何认识和处理政府和市场关系，是市场经济的核心问题，也是一个世界性难题。市场经济作为一种经济形式，从它产生的那一天开始，就没有脱离社会制度而独立存在，总是与社会制度结合在一起。社会主义市场经济是同社会主义基本制度相结合的。一方面，必须发挥市场经济的长处，紧紧围绕市场在资源配置中起决定性作用全面深化经济体制改革，另一方面，必须发挥社会主义制度的优越性，政府要集中精力把那些有利于我国现代化建设、有利于人民生活水平提高、市场做不了做不好的事情做实做好。正确处理政府和市场关系，努力形成市场作用和政府作用有机统一、相互补充、相互协调、相互促进的格局，这是社会主义市场经济的伟大创举。

新中国成立70年特别是改革开放40多年来，我国经济建设取得了举世瞩目的伟大成就，为实现中华民族伟大复兴中国梦奠定了坚实基础，也为世界经济发展与人类社会制度文明进步作出了重大贡献，彰显了中国特色社会主义制度的巨大优势。

中国经济奇迹是如何取得的？原因当然很多，其中重要原因是在社会主义条件下发展市场经济，既发挥市场经济的长处，又发挥社会主义制度的优越性，从而克服了资本主义制度下市场经济的局限和弊端，使市场经济这种古老的人类文明成果在社会主义制度下焕发出更加旺盛的生机和活力。

▶ 如何处理好政府和市场关系是一个世界性难题

如何认识和处理政府和市场关系，是市场经济的核心问题。在这一问题上，国内外一直存在不同的认识。在国内，有人认为社会主义市场经济就是市场经济，所以更多地强调按市场经济要求办事，而对政府作用则看得很淡。有人则把政府作用看得比较重，认为社会主义市场经济同西方国家市场经济的区别就在于政府要更好更有力地发挥作用。在国外，直到今天有人还坚持认为"中国的社会主义市场经济不是市场经济"，不承认我国市场经济地位，动辄指责中国政府对经济干预太多，美国一些政客甚至不惜挑起对华经贸摩擦。

事实上，市场经济作为一种经济形式，从它产生的那一天开始，就没有脱离社会制度而独立存在，总是与社会制度结合在一起，资本主义制度下的市场经济是这样，社会主义制度下的市场经济也是这样。市场经济的发展从一开始就存在着政府和市场的关系问题，这是各个国家各种社会制度的共性问题，但在不同国家和不同制度中又有特殊性。如何处理二者关系，既发挥市场的优势，又发挥政府的作用，是一个世界性难题。从西方发达国家市场经济发展史看，由于对政府和市场关系处理的方式不同，曾经形成几种有代表性的市场经济模式，如美英的自由市场经济模式、德国的社会市场经济模式、日本的法人市场经济模式等。这些模式之间存在政府干预市场程度的差异，但完全放任市场而政府不加干预的情况只是自由主义学派理论的想象，事实上并不存在。无论哪种模式，都难以克服资本主义制度的固有矛盾和弊病。从历史发展的角度看，市场经济以及政府和市场关系并没有固定不变的模式。

▶ 把"有效市场""有为政府"两方面优势都发挥好

如何正确认识和处理政府和市场关系？必须从实际出发，既要遵循市场经济的一般规律，又要遵循由中国的基本经济制度、历史条件和具体国情决定的特殊规律。习近平总书记指出，我们要坚持辩证法、两点论，继续在社会主义基本制度与市场经济的结合上下功夫，把两方面优势都发挥好，既要"有效的市场"，也要"有为的政府"，努力在实践中破解这道经济学上的世界性难题。习近平总书记的重要论述，为正确认识和处理政府和市场关系、全面深化经济体制改革指明了方向。

经过长期的实践探索,我们成功地实现了从高度集中的计划经济体制向社会主义市场经济体制的根本性转变。党的十八届三中全会提出,经济体制改革的核心问题是处理好政府和市场的关系,使市场在资源配置中起决定性作用,更好发挥政府作用。党的十九大报告又进一步强调,必须坚持和完善我国社会主义基本经济制度和分配制度,使市场在资源配置中起决定性作用,更好发挥政府作用。我们对社会主义市场经济规律认识取得了新突破,推动了经济体制改革的不断深入,进入了高质量发展的新阶段。围绕处理好政府和市场关系,我国经济体制改革全方位推进,主要领域"四梁八柱"性质的改革纷纷出台,在设立自由贸易试验区、发展民营经济、深化国资国企改革、发展混合所有制经济、推动简政放权和"放管服"改革、创新和完善宏观调控等方面取得了显著成效,激发了各类市场主体的活力,推动实现了科学发展和更高质量的发展,社会主义市场经济的活力与效率不断提高,优越性更加彰显。

加快补齐基础设施、公共服务等领域短板弱项,将进一步释放不平衡发展所蕴藏的巨大势能,促进形成强大国内市场。图为2019年3月18日,中国首座跨越地震活动断层的跨海大桥——海南海文大桥建成通车。 新华社记者 郭 程/摄

▌▶ 创造条件让市场在资源配置中起决定性作用

为什么要使市场在资源配置中起决定性作用？这是实践作出的回答。人类长期的经济发展实践证明，由计划起决定性作用的资源配置方式，很难适应复杂多变的市场情况；而由市场起决定性作用的配置方式则灵活、高效、激励作用显著。发展社会主义市场经济必须发挥价值规律和市场机制的自动作用。市场机制中的价格机制、供求机制和竞争机制共同作用，不仅能形成资源配置的客观比例，而且能推动资源配置效率的提高。市场机制作用是价值规律作用的表现形式。资源配置有两个层次：一个层次是资源在同一部门内配置，另一个层次是资源在社会各部门配置。不管哪一个层次的资源配置，都是由市场经济的基本规律——价值规律所决定。

怎样才能够发挥市场在资源配置中的决定性作用？必须紧紧围绕市场在资源配置中起决定性作用全面深化经济体制改革。关键是要塑造与市场发挥资源配置决定性作用相适应的微观主体，并加快完善现代化市场体系。按照建立现代企业制度的要求，努力提高企业的竞争能力、创新能力，积极稳妥地从广度和深度上完善市场体系，健全市场规则，为市场在资源配置中起决定性作用创造良好环境和条件，推动资源配置依据市场规则、市场价格，通过市场竞争实现效率最大化。必须最大限度减少政府对市场资源的直接配置，最大限度减少政府对市场活动的直接干预，提高资源配置效率和公平性，激发各类市场主体活力。必须保证各种所有制经济依法平等使用生产要素、公开公平公正参与市场竞争、同等受到法律保护，依法监管各种所有制经济。

▌▶ 妥善发挥政府作用是处理好政府和市场关系的关键

为什么要更好发挥政府作用？从西方历史看，否定政府作用会付出沉重代价。在自由资本主义发展阶段，资源配置完全由价值规律及市场机制决定，政府是"守夜人"，并不干预经济。1825年资本主义社会发生了第一次经济危机，其后每隔几年就发生一次，1929—1933年发生了资本主义世界经济的大危机。实践说明，市场特别是在资本主义制度下的市场，对于资源配置的决定性作用不是万能的，由于市场机制调节的自发性和事后性，也会导致比例失调、生产过剩、资源浪费等严重问题。于是产生了凯恩斯主义，出现了罗斯福新政，由此开始了政府干预经济的理论和实践，也由此开始了长达100多年的政府与市场关系的不同观点的论争。

在我国，对于资源配置方式的选择，曾经忽视市场而重计划经济，实践证明是不成功的。改革开放以来，我们逐步重视发挥市场在资源配置中的决定性作用，同时重视发挥政府的作用，最终取得了成功。

怎么更好发挥政府作用？新中国成立70年特别是改革开放以来，经过反复探索，我们更好地发挥了政府作用，牢牢把握了处理好政府和市场关

我国坚定不移推动高质量发展，企业创新活力不断得到激发。图为2019年3月31日，河北省阜城县一家玻纤制品企业职工在检验柔性石材多彩理石，这种质量轻、稳定性高、耐候性强和质感多样化的柔性石材，可广泛应用于各类建筑装饰行业。

新华社记者　李晓果 / 摄

系的关键。一方面，我国处于并将长期处于社会主义初级阶段，除了要为发展市场经济提供应有的制度、环境、秩序等公共保障之外，还要担负以经济建设为中心的重任、为人民谋幸福的使命，需要政府发挥好作用，推动经济持续健康发展。另一方面，我国曾走过计划经济下政府管得过多过死的弯路，现在的政府职能也正在转变过程中。政府需要自觉转变职能，自觉地尊重市场经济规律，防止走到保守僵化的老路上去。政府要把市场该管的交给市场，集中精力把那些有利于我国现代化建设、有利于人民生活水平提高、市场做不了做不好的事情做实做好，把政府的作用发挥好。要围绕推动高质量发展，建设现代化经济体系，加强和完善政府经济调节、市场监管、社会管理、公共服务、生态环境保护等职能，调整优化政府机构职能，全面提高政府效能，建设人民满意的服务型政府，更好满足人民日益增长的美好生活需要，实现人的全面发展和社会成员的共同富裕。

正确处理政府和市场关系，努力形成市场作用和政府作用有机统一、相互补充、相互协调、相互促进的格局，这是社会主义市场经济的伟大创举，也是我们对人类探索更加合理有效的经济制度的一个有益探索。实践探索永无止境，改革发展永无止境。坚持不懈地在实践中正确处理政府和市场关系，必将推动我国经济沿着社会主义市场经济方向破浪前行，不断取得新的成就。

扫一扫：理上网来

求是网首页

中国经济的自主发展之路

■ 侯永志　贾　珅

侯永志　现任国务院发展研究中心发展战略和区域经济研究部部长、研究员，国务院政府特殊津贴获得者。主要研究方向为发展战略和区域经济。研究成果多次获中国发展研究奖特等奖、一等奖，两度获得孙冶方经济科学奖一等奖。

贾　珅　北京大学经济学博士、美国芝加哥大学访问学者，现任国务院发展研究中心发展战略和区域经济研究部调研员、副研究员。主要研究方向为经济增长、区域经济、政治经济学等。

内容摘要：新中国70年中国经济的发展成就不是简单地依靠资源禀赋、照搬国外发展经济学理论和经验取得的，而是从中国的现实情况出发，在不断探索中制定和实施有效的发展战略、经济政策和制度形式，走出了一条有着鲜明特色的自主发展道路。重视内部积累，坚持在独立自主的基础上建设现代化；采取有利于长期发展的工业化战略，注重因应发展需求变化推动产业协调发展；重视企业能力建设，依靠政策支持和体制改革不断提升企业竞争力；重视自主科技能力的发展，根据国家发展需要和经济条件不断调整科技战略和发展路径。

新中国成立70年来，中国从一个极端贫困的低收入国家跃升为上中等收入国家、世界第二大经济体、世界第一制造业大国，创造了人类发展史上最大规模的减贫奇迹……更加难能可贵的是，中国经济的发展奇迹不是简单地依靠资源禀赋、照搬国外发展经济学理论和经验取得的，而是从中国的现实情况出发，在不断探索有效的发展战略、经济政策和制度形式，克服了发展中国家普遍面临的一系列挑战，走出了一条特色鲜明的发展道路。"发展是硬道理，是解决中国所有问题的关键。"中国经济社会发展成就，不是照抄照搬的产物而是探索前行的结果。党的十八大以来，习近平总书记创造性地提出了创新、协调、绿色、开放、共享的新发展理念，我国不断破解发展难题，取得发展新成就，也引领了全球发展进程。

发展资金的缺乏是发展中国家经济发展面临的共同挑战。根据联合国国际比较计划提供的数据计算，2010年最不发达的10个发展中国家人均收入平均相当于美国的1.7%，资本、劳动和生产率这三项因素中全要素生产率平均达到美国的40.1%，而人均物质资本存量平均仅相当于美国的1.5%。可见，我们说落后国家"一穷二白"，根本上还是指物质资本存量的极度贫乏。因此，加快物质资本积累，是发展中国家实现经济追赶的核

加快补齐基础设施、公共服务等领域短板弱项，将进一步释放不平衡发展所蕴藏的巨大势能，促进形成强大国内市场。图为2019年3月18日，中国首座跨越地震活动断层的跨海大桥——海南海文大桥建成通车。

新华社记者　郭　程/摄

心任务，但要实现这一目标却面临很大的制约和挑战。

新中国的现代化建设是从极为薄弱的经济基础上起步的。根据联合国国际比较计划提供的数据计算，1952年新中国成立初期，我国按照购买力平价计算的人均GDP约为美国的5.7%；三项要素当中，我国的全要素生产率、人力资本指数分别相当于美国的46.8%和42.6%，但人均物质资本存量仅相当于美国的1.4%。与多数低收入国家一样，当时我国面临着生产剩余不足的严重制约；但与多数低收入国家不同的是，通过一系列战略实施和制度安排，我国在极低的收入水平下突破了资本积累制约，实现了经济快速增长。正如习近平总书记所指出的，"中国发展为广大发展中国家走向现代化提供了成功经验、展现了光明前景"。

重视内部积累，坚持在独立自主的基础上建设现代化。1960—1978年，我国平均储蓄率达到31.5%，比同期低收入经济体10.7%的平均储蓄率高出20.8个百分点。这一时期，为了避免抑制消费对人口素质发展的不利影响，我国在控制私人消费的同时，十分注重教育、医疗等公共服务的供给保障。根据联合国国际比较计划数据，1956—1978年我国人均人力资本年均增长1.5%，增速在同时期有统计的全球71个经济体中排在第2位。到1978年，以人均收入衡量，我国还排在低收入国家的末尾，但在人均预期寿命、平均受教育年限、学龄儿童入学率、成人识字率等发展指标方面，我国已经达到中等收入国家的中游水平。

改革开放后，我国引进外资的力度不断加大，但从国际收支平衡的角度看，外资在我国经济发展中的作用不是补充资本的不足，我国仍然主要是依靠内部储蓄来实现物质资本积累的。1979—1993年，我国净出口率仅在三年中出现了-1%以上的逆差，其余时间均处于平衡状态或有微小顺差。1979—2012年，我国平均储蓄率达到40.6%，比同期中等收入经济体的平均储蓄率高出10.7个百分点。储蓄率提高，支撑我国的物质资本积累速度加快，1979—2012年，我国物质资本年均增速达到9.6%，在联合国国际比较计划统计的83个经济体中排在第1位。实践证明，坚持走依靠内部储蓄实现物质资本积累的独立自主发展道路，有力维护了我国的经济发展主权，使我国避免沦为依附型、高债务型经济。得益于此，我国在应对外部危机冲击时具有充分的政策自主性和较大的政策空间，总是能够率先走出危机、恢复增长，成为全球经济增长的稳定器。

采取有利于长期发展的工业化战略，注重因应发展需求变化推动产业协调发展。我国在人均收入水平还很低的计划经济时代就十分重视基础工业的发展。就短期而言，发展资本密集型重工业不完全符合当时的比较优势；但是从长远来看，建立起相对完整的工业体系特别是基础工业，为后续的工业化提供了有力支撑。1952—1978年，我国重工业产值占工业总产值的比重从35.5%提高到56.9%，最高时达到66.6%。重工业的发展增强了生产资料的自给能力，使工业资本积累加快，反过来推动了工业产出的快速增长。

在工业基础初步建立后，我国更加重视不同产业的协调发展。20世纪80年代，工业部门内增长最快的是为居民生活和农业生产服务的纺织、家电、建材、化工等轻工业。到20世纪90年代初期，我国消费品严重短缺的状况已明显改观，而能源、原材料、基础设施的瓶颈制约则又变得突出起来。20世纪90年代中后期开始，一方面因应解决能源、原材料等瓶颈制约的需要，一方面受国内居民对住房、汽车等耐用品需求快速增长的拉动，以石油化工、机械、汽车制造等为主的重工业发展加快，重工业产值占工业总产值比重在2007年上升到70%左右。目前，我国是世界上产业结构最完整、工业门类最齐全的国家，并在信息技术、先进装备、新材料、生物医药等领域加速推进。从我国工业化的进程来看，总体上已经从工业化初期阶段快速发展到工业化后期阶段，2020年中国将基本实现工业化。党的十八大以来，我国产业发展取得了举世瞩目的成就，制造业增加值跃居世界第一位，数字经济等新兴产业蓬勃发展，有效支撑了经济实力大幅提升。

重视企业能力建设，依靠政策支持和体制改革不断提升企业竞争力。1949年之前，我国的民族资本发展了大半个世纪，但始终没有缩小与外国资本的差距，在国内产业中的比重反而不断缩小。新中国成立后，为在资本极度稀缺的情况下实现企业发展，我国通过建立公有制来最大限度地集中资源、发挥规模优势。到1958年，我国已建立起了公有制经济占主体地位的所有制结构。通过统筹调动资源，我国以比其他国家快得多的速度建立起了一批能够支撑现代化发展的工业企业。自20世纪60年代开始，我国还大力发展了集体企业、社队企业，在体制和资源上为这些企业提供了有力支持。到1978年，集体企业数量达到26.5万个，占我国企业总数的76%，集体企业在工业总产值中的比重达到22.3%。

改革开放后，适应企业发展的需要，我国实行了稳健、务实的所有制结构调整。20世纪80年代至90年代中期，以乡镇企业为主力的集体经济比重快速提高，到1996年达到39.4%。非公有制经济占工业的比重也从不到1%增长到1994年的24.9%。从20世纪90年代后期开始，我国对国有企业实行了"抓大放小"的调整，159万家乡镇企业中有20万家转制为股份制、股份合作制企业，139万家转制为个体私营企业。如今，不少由乡镇企业转制而成的企业成长为我国的龙头企业。进入世界500强的中国企业持续增加，到今天与美国不相上下。

重视自主科技能力的发展，根据国家发展需要和经济基础不断调整科技战略和发展路径。在计划经济时代，我国就充分认识到科学技术发展对于经济建设的重要性，提出实现"四化"目标关键在于实现科学技术的现代化。国家组织编制了科技中长期发展规划，建立了科技人才培育体系，在农业、地质、生物科学、核技术、航空、航天等领域取得了一批具有重大战略意义的科技成果，并培养出大批科技人才。

2016年8月16日凌晨，世界首颗量子科学实验卫星"墨子号"在中国酒泉成功发射，标志着我国空间科学研究又迈出重要一步。图为2016年12月9日，"墨子号"量子科学实验卫星与阿里量子隐形传态实验平台建立天地链路（合成照片）。

新华社记者 金立旺/摄

改革开放后，科技发展的重要性进一步提高。中央提出了"科学技术是第一生产力"的论断，领导实施了若干重大科技研究发展计划和攻关项目。进入新世纪后，我国科技研发投入加快增长，科技实力大幅跃升。2018年，我国研发总支出达到1.97万亿元，居世界第二，占国内生产总值比重为2.18%，超过欧盟的平均水平。我国研发人员总量居世界第一，国际科技论文总量和被引用次数稳居世界第二，发明专利申请量和授权量居世界第一。在载人航天、探月工程、北斗导航、量子通信、深海探测、高速铁路、5G等领域取得一批举世瞩目的重大成果。科技进步对经济增长的贡献率超过58%，高新技术企业达到18.1万家，成为推动经济结构调整和产业转型升级的"顶梁柱"。

我国的经济发展和现代化建设取得了举世瞩目的成就，也积累了宝贵的经验。当前，受"三期叠加"和外部环境变化的影响，我国经济面临较大的下行压力，极有必要总结汲取此前发展过程中的这些成功经验，使之成为我们应对困难挑战、确保中国经济行稳致远的"法宝"。

以新发展理念引领我国经济高质量发展

■ 任保平

任保平 西北大学研究生院院长，教育部人文社会科学重点研究基地——中国西部经济发展研究中心主任、教授、博士生导师。近年来围绕中国经济增长质量、中国特色社会主义政治经济学，先后在《经济研究》《管理世界》《经济学动态》《经济学家》等期刊发表论文200余篇，被《新华文摘》、中国人民大学《复印报刊资料》、《中国社会科学文摘》转载转摘40余篇。出版著述《当代中国马克思主义政治经济学研究》《以质量看待增长：新中国经济增长质量的评价与反思》《中国21世纪新型工业化道路》《经济增长质量的逻辑》以及"中国经济增长质量报告系列丛书"等10余部。

内容摘要：高质量发展就是能够很好满足人民日益增长的美好生活需要的发展，是体现新发展理念的发展。创新成为发展的第一动力，协调成为发展的内生特点，绿色成为发展的普遍形态，开放成为发展的必由之路，共享成为发展的根本目的。总体来看，我国经济发展正在稳步进入高质量发展阶段，我们需要依据高质量发展的要求，积极推进经济结构调整，加快发展新动能的培育，促进人民生活水平的改善。在新时代，我们需要推动我国经济在实现高质量发展上不断取得新进展。

中国特色社会主义进入了新时代，我国经济发展也进入了新时代，基本特征就是我国经济已由高速增长阶段转向高质量发展阶段。高质量发展就是能够很好满足人民日益增长的美好生活需要的发展，是体现新发展理念的发展，是创新成为第一动力、协调成为内生特点、绿色成为普遍形态、开放成为必由之路、共享成为根本目的的发展。在新中国成立70年和改革开放40多年发展成就的基础上，特别是在新时代取得历史性成就、发生历史性变革的基础上，中国经济沿着高质量发展的轨道，乘风破浪、阔步前行，不断取得新的成就。

第一，创新成为发展的第一动力。习近平总书记指出，创新是引领发展的第一动力，是建设现代化经济体系的战略支撑。面对严峻复杂的宏观经济形势，无论是促进形成强大国内市场，还是应对国际市场变化，特别是解决关键核心技术"卡脖子"问题，都需要牢牢把握创新发展主动权。伴随经济发展，我国科技创新不断取得新的成果，科技创新已经成为我国综合国力提升的重要支撑。40多年来，我国科技创新队伍不断壮大，科教兴国、人才强国战略的大力实施使科技创新队伍不断壮大。国家在基础科学研究、高技术研究、科技基础条件建设、科技成果转化等多个方面顺利实施一系列发展计划，推动我国科技实力实现了跨越式提升。我国重大产

科技创新对中国经济的引领作用不断增强。中集来福士海洋工程有限公司自主设计并建造的深水半潜式钻井平台,已达到世界领先水平。图为2018年6月29日,多座半潜式钻井平台在中集来福士山东烟台建造基地施工。

新华社／发 唐 克／摄

品、重大技术装备的自主开发能力和系统成套水平明显提高,有力地支撑了三峡工程、青藏铁路、西气东输、南水北调、奥运会、世博会等重大工程建设。科技创新在调整经济结构、提高经济增长质量、促进社会发展和改善民生方面发挥了先导作用;在应对节能减排、气候变化、传染病防治等重大问题方面发挥了重要的支撑作用。特别是党的十八大以来,创新驱动发展战略全面实施,我国成为具有全球影响力的科技创新大国,在量子科学、超导、探测卫星等基础科学领域获得重大突破,在神舟载人飞船、超级计算机、高速铁路等高科技应用领域已经位居世界前列。世界知识产权组织发布的报告表明中国创新能力从2012年的第35位,已经上升到目前的第17位,是进入前20位的唯一中等收入国家。我国科技创新实力、能力、活力稳步提升的同时,科技创新对经济社会发展的贡献也愈发显现。科技创新对产业转型升级、产品供给优化、新动能培育等方面的支撑引领作用显著增强,成为引领高质量发展、提升国家核心竞争力的重要源泉，创新已经成为我国高质量发展的第一动力。

第二，协调成为发展的内生特点。习近平总书记指出，"协调既是发展手段又是发展目标，同时还是评价发展的标准和尺度"。改革开放40多年来，协调发展随着我国改革开放的进程而不断深化。从产业结构来看，我国三次产业结构在调整中不断优化，农业基础地位更趋巩固，工业逐步迈向中高端，服务业成长为国民经济第一大产业。从总需求结构来看，40多年来党中央深入实施扩大内需战略，内需与外需、投资与消费失衡状况显著改善，经济增长逐步转向依靠消费、投资和出口协同拉动。从区域结构协调来看，40多年来我们先后实施了西部大开发战略、东北振兴战略、中部崛起战略，区域协调发展战略深入实施，不同地区比较优势得到有效发挥。从城乡协调来看，我们先后实施了统筹城乡发展、社会主义新农村建设、城乡经济社会一体化和乡村振兴等政策措施，改善了城乡关系，促进了城乡关系的协调。特别是党的十八大以来，全国各地把协调发展放在发展全局的重要位置，坚持统筹兼顾、综合平衡。党中央坚持以新发展理念为引领，以供给侧结构性改革为主线，加快推进经济结构战略性调整和经济转型升级，我国的产业结构、需求结构、城乡结构、区域结构、所有制结构和收入分配结构逐步改善，经济发展的协调性和可持续性不断增强，为推动高质量发展、建设现代化经济体系奠定了良好基础，协调发展已经成为我国高质量发展的内生特点。

第三，绿色成为发展的普遍形态。改革开放40多年来，我们始终高度重视环境保护，坚持保护环境和节约资源，大力推进生态文明建设和环境保护工作，实施可持续发展战略。特别是党的十八大以来，绿色发展理念日益深入人心，建设美丽中国的行动不断升级提速。树立和践行"绿水青山就是金山银山""保护生态环境就是保护生产力、改善生态环境就是发展生产力"的理念，出台多项制度，污染治理和监管执法力度不断加大，环境质量改善效果不断提升。从生态环境建设来看，生态文明制度体系加快形成，主体功能区制度逐步健全，生态产业不断得到发展，节能减排取得重大进展，重大生态保护和修复工程进展顺利，生态环境治理明显加

"绿水青山就是金山银山！"2005年8月15日，时任中共浙江省委书记的习近平同志在浙江省安吉县首次提出了这一关系文明兴衰、人民福祉的发展理念，绿色由此成了这座江南古城发展图景的主色调。图为浙江省安吉县余村。 浙江省湖州市委宣传部/供图 石红岩/摄

强，积极参与应对全球气候变化的国际合作。从能源产业来看，党的十九大将生态文明建设放在更加突出的战略位置，提出推进能源生产与消费革命，加快能源产业转型升级，贯彻落实绿色发展战略，推进新能源产业健康发展，发展新能源成为加快能源结构调整的中坚力量。从人与自然的关系来看，党的十九大提出人与自然和谐共生的思想，标志着社会主义生态文明建设的新发展。我们坚持"绿水青山就是金山银山"的新理念，把促进生态与经济协调发展和生态文明建设纳入中国特色社会主义事业总体布局中，绿色发展理念不断深化创新，绿色发展已经成为我国高质量发展的

普遍形态。

第四，开放成为发展的必由之路。习近平总书记在党的十九大报告中指出，"推动形成全面开放新格局。开放带来进步，封闭必然落后。中国开放的大门不会关闭，只会越开越大。要以'一带一路'建设为重点，坚持引进来和走出去并重，遵循共商共建共享原则，加强创新能力开放合作，形成陆海内外联动、东西双向互济的开放格局"。改革开放40多年来的实践证明，对外开放是我国经济发展的强大动力。改革开放初期，我们实施的是积极融入全球化的对外开放战略，实施以引进外资和技术为主的开放策略。20世纪70年代末，我国打开了封闭多年的国门，开启了不断融入经济全球化浪潮的对外开放进程。党的十四大以来，我们进一步开启了我国对外开放的新篇章，利用外资跃上新台阶，着力打造全方位开放格局，不断丰富经济特区体系，建立健全外商投资政策体系，深化外贸体制改革，促进了对外贸易的快速增长。经过40多年的对外开放，我国已经从经济全球化的旁观者变身为参与者，再到全球化的引领者。经过40多年来的开放发展，我国实现了从封闭型经济向开放型全球经济的转变，我们坚持"引进来"与"走出去"的对外开放战略，取得了开放发展的诸多成就，中国在全球经济贸易体系中已名列前茅。特别是党的十八大以来，中国迈入大国开放的新阶段，对外开放战略开始由积极融入全球化向引领全球化转变。党的十八届五中全会提出新发展理念，使得开放发展成为指导我国新时代长期发展的理念。进入新时代，我国以自由贸易试验区为引领，构建开放型经济新体制，推进"一带一路"建设，积极推动由外贸大国向外贸强国转变，积极参与全球经济治理体系变革，从学习、引进、适应国际经贸规则到主动参与全球经济治理、引领国际规则制定，实现了从改革开放初期积极融入全球化到引领全球化的转变。总体来看，进入新时代我国开放发展进入高质量发展阶段，我们要通过构建新体制、形成新格局、培育新模式，为高质量开放型经济增添新活力，让开放发展成为我国高质量发展的必由之路。

第五，共享成为发展的根本目的。习近平总书记在党的十八届五中全会的讲话中提出:"坚持共享发展,必须坚持发展为了人民、发展依靠人民、发展成果由人民共享,作出更有效的制度安排,使全体人民在共建共享发展中有更多获得感,增强发展动力,增进人民团结,朝着共同富裕方向稳步前进。"从邓小平的"共同富裕"思想到习近平的共享发展理念,体现了党的发展理论的一脉相承。党的十八大以来,以习近平同志为核心的党中央高度重视人民群众的主体地位,提出了以人民为中心的发展思想,把共享发展推到了一个新的高度,使共享发展成为我国高质量发展的根本目的。在实践上从基本小康到全面小康,再到全面现代化,共享发展取得了重大进展。从居民收入来看,改革开放40多年来,我国居民收入大幅度提升,消费水平大幅提高。40多年间,我国居民用31年时间实现人均收入跨万元大关,2009年突破万元大关,达到10977元,2014年突破2万元大关,达到20167元,目前正向3万元大关迈进。40多年来,随着我国居民收入水平大幅提高,居民消费水平和消费结构明显得到改善,在解决了温饱问题后城乡居民开始从基本的吃穿消费向发展和享受型消费倾斜。同时随着消费市场持续完善,消费环境不断优化,公共设施覆盖率提高,社会服务更加全面,城乡居民从吃穿住用的品质,到能够享受的医疗教育服务水平,都发生着重大的变化,生活质量不断提升。40多年来,我国社会保障事业水平也不断提高,基本养老、失业、工伤保险参保人数分别达到9.42亿人、1.96亿人、2.39亿人,目前已建立了世界上最大的社会保障安全网。40多年来,我国扶贫事业取得积极成就,从1978年到2018年,我国农村贫困人口减少8.2亿人,年均减贫人口规模接近1900万人;农村贫困发生率下降94.4个百分点,年均下降2.4个百分点,为人类减贫事业作出了巨大贡献。特别是党的十八大以来,随着共享发展理念的深入实施,居民收入快速增长,2018年全国居民人均可支配收入28228元,比1978年实际增长82.3倍;全国居民人均消费支出19853元,比1978年实际增长107.9倍。党的十八大以来,随着精准扶贫战略的实施,脱贫攻坚工作取得了重大成就,6年来我国农村贫困人口从2012年底的9899万减少到2018年底的1660万,累计减少贫困人口8239万人;贫困发生率从 10.2% 下降到 1.7%，减少了将近 9 个百分点。总体来看，共享发展无论是从理论上还是从实践上都取得了重大进展，共享发展已经成为我国高质量发展的根本目的。

总体来看，我国经济发展正在稳步进入高质量发展阶段，我们需要依据高质量发展的要求，积极推进经济结构调整，加快高质量发展新动能的培育，建设现代化经济体系，持续推进人民生活水平的改善。

开放是当代中国的鲜明标识

■ 桑百川

桑百川 对外经济贸易大学国际经济研究院院长、教授、博士生导师,国家社科基金重大项目首席专家,全国社科规划办决策咨询点首席专家,国家社科基金评委,中央人民广播电台特约评论员,新华社特聘专家,中国商务部国际投资专家委员会委员,中国贸促会特聘专家。发表学术论文350余篇,出版专著20多部,主持40多项国家和省部级课题,10多项研究成果获省部级以上学术奖励。入选教育部新世纪优秀人才,获首都劳动奖章,享受国务院政府特殊津贴。

内容摘要：我国走出了一条中国特色的以开放促改革、促发展的道路，在不断巩固中国共产党领导和长期保持社会稳定的前提下，实现经济社会的飞跃式发展。开放不仅可以改变资源投入规模，推动技术进步和经济结构升级，还能够促进国家治理体系和治理能力现代化，实现制度供给的有效变迁。过去中国经济发展是在开放条件下取得的，未来中国经济发展也必须在更加开放的条件下进行。在对外开放的坚定步伐中，中国共产党也将在应对各类风险挑战中提升执政能力，持续实现经济社会全面发展，为实现中华民族伟大复兴提供重要保障。

以开放促改革、促发展，是我国经济社会发展不断取得新成就的重要法宝。改革开放以来，我国走出了一条中国特色的开放道路，在不断巩固中国共产党领导和长期保持社会稳定的前提下，实现经济社会的飞跃式发展，逐步融入世界经济，步入经济全球化和世界经济舞台的中心，成为维护多边经贸体制、推动经济全球化的中坚力量。

▎以开放促改革、促发展是我国的重要法宝

开放带来进步，封闭必然落后。

纵观五千年中华民族发展史，开放的时代，则是繁盛的时代、快速发展的时代；封闭的时期，则是落后的时期、发展迟缓的时期。汉唐盛世，与外部的联系密切，不同国度、不同民族的交往和人员的交流活跃，货物贸易兴盛。清末时期，走入闭关锁国的死胡同，社会经济相对停滞，与世界工业革命蓬勃发展的潮流背道而驰，与先进国家的差距越来越大，泱泱大国成为列强瓜分的鱼肉。新中国成立后，我们独立自主地搞建设、谋发展，取得了不容否定的巨大成就，但受困于内外环境，生产力发展的潜能

没能得到充分释放。

1978年12月召开的十一届三中全会，实现了新中国成立以来中国共产党的历史上具有深远意义的伟大转折，开启了改革开放和社会主义现代化的伟大征程。改革开放后，我们实现由封闭半封闭到全方位开放的历史性转变，中国成功地走出了一条以开放促发展的道路，用几十年时间走完了发达国家几百年走过的工业化历程，实现了经济长期的高速增长，成长为世界第二大经济体，中华民族再次走近世界舞台的中央。

开放之所以能发挥促改革、促发展的作用，在于开放不仅改变了改革开放前资源投入的规模，推动技术进步和经济结构升级，而且还能够促进制度供给的有效变迁。开放带来的制度供给需求，必然会倒逼改革，推进社会主义市场经济体制机制建设。"中国经济要发展，就要敢于到世界市场的汪洋大海中去游泳。"在对外开放中，要发展对外贸易，就必须尊重国际惯例，遵循国际经济贸易规则。要适应国际经贸惯例和规则，就必须改革国内的经济管理体制，建立与国际相衔接的市场经济制度。对外开放与我国经济体制改革的目标是一致的。对外开放促进改革，而改革就是为了建立适宜开放的制度，这种有效的制度供给的变迁正是促进我国经济发展的强劲动力。

▎▶ 中国特色开放道路是我国的巨大优势

40多年的对外开放，使我国走出了一条符合国情的具有中国特色的开放道路。

中国特色的开放道路是以人民为中心的开放之路。坚持对外开放的目的是为了更好地发展社会生产力，满足人民日益增长的美好生活需要，实现人的全面发展和全体人民的共同富裕。

中国特色的开放道路是独立自主的开放之路。坚持中国特色社会主义道路、理论、制度、文化，坚持独立自主、自力更生，以稳步有序、渐进可控的方式推进对外开放。

中国特色的开放道路是统筹内外的开放之路。坚持统筹国内国际两个大局，既立足国内，充分运用我国资源、市场、制度等优势，又重视内外联动，积极应对外部环境变化。

中国特色的开放道路是互利共赢的开放之路。坚持共商共建共享的原则，让世界各国实现联动增长，走向共同繁荣、共同进步，在实现自身发展的同时，为世界共同发展进步贡献力量。

我国对外开放的中国特色，体现在对外开放实践的全过程中。我国通过局部地区试点开放，总结经验，考虑社会承受能力，再扩大开放区域，进而形成地理空间上的全方位开放格局。我国设立多种形式的特殊经济区，分别实行不同的特殊开放政策。这些地区大胆探索开放道路，构建符合国际惯例的规则体系，完善法治环境，提高行政效率，率先打造更好营商环境，实行贸易、投资便利化措施，也成为开展对外贸易、承接全球产业转移和吸收外资、参与国际经济合作的前沿，成为国内外资本、人才、技术、信息等资源的集聚区，发展为区域经济中心和经济发展极，对全国其他地区产生显著的辐射和带动作用。

通过局部率先开放，再扩大开放空间，不断提高开放程度和开放水平。这种渐进开放过程，能避免一步到位的全面开放可能导致的严重冲击，使人民在开放中得到实惠，逐步增强国内企业的竞争力。在渐进开放的过程中，国内企业逐步提高与跨国公司合作的能力，还能形成地区之间的开放竞争，在地区开放竞争中建立开放型经济体制，形成以开放促改革、促发展的社会氛围。正如习近平总书记所指出的，"改革开放成为当代中国最显著的特征、最壮丽的气象"。

▶ 在开放中培育竞争优势

改革开放以来，我国依靠资源禀赋和劳动力要素的比较优势，发展加工贸易，承接全球制造业转移，大胆吸收外商投资，扩大出口，逐步成长为世界制造中心和国际经济贸易大国。对外贸易额从1978年的区区206亿美元扩张到2018年的超过4.62万亿美元，增长220多倍，成长为世界第一大货物贸易国，成为120多个国家和地区的主要贸易伙伴。

在发挥比较优势的同时，致力于培育竞争优势。充分发挥中国特色社会主义制度的集中力量办大事优势，加大国家对新技术基础研究的投入，不断增强企业技术创新能力，推动新技术应用，跟踪国际标准，促进传统制造业的转型升级。在开放过程中，加强与发达国家、新兴市场国家的经济技术合作与交流，充分利用全球的技术、资本、市场、人才、信息、营销渠道、先进管理经验等优质资源，在全球设置采购中心、制造组装中心、研究设计中心、营销中心、服务中心和管理中心，通过价值链若干环节外包或企业并购，形成产业链各环节的竞争优势，打造我国企业主导的全球价值链，避免在全球价值链中的低端锁定，提升我国企业和产品在国际市场竞争中的优势。

▶ 广泛利用全球资源

对外开放40多年来，我国积极吸收外商投资、鼓励企业对外投资，已经成长为吸收外商投资和对外投资大国。为吸引外商投资，中国从出台优惠政策到创造公平的市场竞争环境，不断提升营商环境吸引力，从优惠政策引资到制度环境引资，扩大市场准入范围，放宽外商投资限制，对外资企业实行准入前国民待遇，以平等的市场主体一视同仁对待外资企业和内资企业，保护外商投资企业合法权益，建立市场化法制化国际化、稳定透明可预期的营商环境，我国市场成为对外资最具吸引力的市场之一。

1979—2018年，我国累计吸引外商直接投资超过2万亿美元，是吸引外商直接投资最多的发展中国家。外商投资不断扩大，不仅弥补了中国的储蓄缺口和外汇缺口的"双缺口"，而且大幅度提升闲置的劳动力、土地、资源等的利用效率，产生了技术、知识的溢出效应，倒逼国内的改革，推动着经济成长和人民福利水平提高。

鼓励有条件的企业"走出去"，扩大海外投资，完善海外投资政策、法规，改善海外投资管理和服务，越来越多的企业广泛利用全球资源，实现了国内外的资本、技术、管理、信息、人才、营销网络、供应链、价值链优化配置，带动技术和劳务输出。截至2018年末，我国对外直接投资存量达1.98万亿美元，是2002年末存量的66.3倍，在全球分国家地区的对外直接投资存量排名由第25位升至第3位。

在"走出去"扩大海外投资的过程中，注重防范海外投资风险，注重与国内经济发展相协调，实现海外投资增长与国内经济稳定、实体经济健康相结合。

▶ 以开放的持续创新把握经济全球化主动权

对外开放40多年来，中国在大胆吸收借鉴人类社会创造的优秀文明成果和经验中，不断创新开放的政策措施和方略。1980年设置经济特区，成为我国对外开放的试验田；1984年设置沿海开放城市，在沿海开放城市设立经济技术开发区；1987年实行沿海经济发展战略，以发展外向型经济为主；1988年设立海南省经济特区；1990年设立浦东开发开放新区；1992年推出沿江开放战略和沿边开放战略；1994年设立天津滨海新区；2013年以来，分批设立18个自由贸易试验区；2018年海南全省建立自由贸易试验区，并探索建设中国特色自由贸易港；2019年党中央决定把深圳作为中国特色社会主义先行示范区，在上海临港新片区成立自由贸易试验区。从兴办深圳等经济特区、沿海沿边沿江沿线和内陆中心城市对外开放，到加入世界贸易组织、共建"一带一路"、设立自由贸易试验区、谋划中国特色自由贸易港、成功举办首届中国国际进口博览会，从"引进来"到"走出去"，无不蕴含着中国智慧，体现出创新开放的理念。创新开放构成了40多年来中国对外开放的重要经验。

只有不断创新开放的形式、内容、体制，培育贸易新业态新模式，创新对外投资方式，打造对外开放新平台新高地，对标国际高水平开放，才能把握经济全球化的主动权，引领经济全球化进程，在国际经济贸易活动中获得更大收益，更好实现开放发展、创新发展。

江苏主动顺应经济全球化潮流，国际"朋友圈"越来越大，改革开放之路越走越宽，打开了高质量发展的广阔天地。图为2019年3月22日，江苏连云港散杂货码头一片繁忙。

中新社 / 发 司 伟 / 摄

▶ 大变局下的对外开放大有作为

在我国改革开放取得巨大成就、中华民族迎来伟大复兴的关键期，个别国家走向单边主义，挑起贸易争端，冲击全球价值链、供应链体系，经济全球化面临严峻挑战。但是，我国有足够的底气应对挑战，对外开放大有作为。

第一，我国拥有覆盖联合国产业分类中39个大类、191个中类、525个小类的全部工业门类，形成了世界上独有的行业齐全的工业体系，产业配套完整，与世界各国形成了不可分割的产业链、供应链体系，经济韧性强，能够应对贸易投资保护主义带来的挑战。

第二，我国已经成为世界上屈指可数的大消费市场，随着人均收入水平提高，消费市场规模还在持续扩大，消费结构也在升级，内需对国民经济增长的贡献率显著上升，已成为经济增长第一推动力，即便美国发动经贸摩擦对我国出口造成一定冲击，国内市场的回旋余地仍会很大，经济结构转型升级的效应日益显现。

第三，我国顺应经济全球化趋势，高举扩大开放的大旗，站在了道义的制高点。经济全球化是国际生产力发展的产物，各国对开放的世界经济充满期待。我国反对贸易、投资保护主义，坚定维护多边经济体制和经济全球化，倡导以规则为基础、以发展为导向的新型经济全球化，推动建设开放型世界经济体制，得道多助，赢得并将更多赢得世界的广泛支持。

第四，我国主动扩大对外开放，不断出台新的开放举措。我国积极推进"一带一路"建设，促进中非合作，加强中欧、中日合作，开发"第三方市场"，提升中国—东盟自贸区等的水平，实行市场多元化战略；进一步降低关税总水平，减少非关税措施，促进贸易自由化、便利化，主动扩大进口，促进进出口平衡；改进加强知识产权保护，扩大外商投资市场准入，促进投资自由化、便利化，改善外资营商环境，公平对待境外企业和产品；践行竞争中立原则，规范补贴措施，维护多边经贸体制，对标国际先进经贸规则。我国在扩大开放中广泛结交朋友，扩大"朋友圈"，让认同建立开放型世界经济体系、致力于推进经济全球化的国家和地区能够分享我国开放发展的机遇，使奉行单边主义、贸易投资保护主义者形单

中国开放的大门不会关闭，只会越开越大。2018年4月13日，在庆祝海南建省办经济特区30周年之际，党中央决定支持海南全岛建设自由贸易试验区，支持海南逐步探索、稳步推进中国特色自由贸易港建设。图为海南省三亚市景色。

新华社记者 郭 程/摄

势孤。

改革开放是中国人民和中华民族发展史上一次伟大革命，正是这个伟大革命推动了中国特色社会主义事业的伟大飞跃。改革不停顿，开放不止步。习近平总书记强调："中国开放的大门不会关闭，只会越开越大！"过去中国经济发展是在开放条件下取得的，未来中国经济发展也必须在更加开放的条件下进行。这是根据中国改革发展客观需要作出的自主选择，有利于推动经济高质量发展，有利于满足人民对美好生活的向往，有利于世界的和平、稳定、发展。在对外开放的坚定步伐中，中国共产党也将在应对各类风险挑战中提升执政能力，推进国家治理体系和治理能力现代化，持续实现经济社会全面发展，为实现中华民族伟大复兴提供重要保障。

"两个毫不动摇"为经济奇迹奠定制度基础

■ 葛 扬

葛 扬 南京大学经济学院副院长、教授、博士生导师,中央"马克思主义理论与建设工程"首席专家。主要研究方向为马克思主义政治经济学、中国特色社会主义经济理论等。在《求是》《经济研究》《金融研究》《经济学动态》《经济学家》等杂志上发表论文90余篇,出版著作《中国特色社会主义基本经济制度研究》《经济转型期公有制产权制度的演化与解释》《〈资本论〉视野下中国特色社会主义市场经济的探索》等20余部,主持、参加国家重大、重点及省级社科项目10余项。

内容摘要：正是在坚持"两个毫不动摇"的过程中，中国创造了世所罕见的经济发展奇迹。实践证明，毫不动摇巩固和发展公有制经济，毫不动摇鼓励、支持、引导非公有制经济发展，将二者有机统一起来，推动各种所有制经济健康发展，这是坚持完善我国基本经济制度的根本要求。坚持公有制为主体，促进非公有制经济发展，必须统一于社会主义现代化建设的实践进程，既不能把这两者对立起来，也不能偏废任何一方。我们必须一如既往地坚持和完善中国特色社会主义基本经济制度，更好坚持"两个毫不动摇"，推动中国经济行稳致远。

"两个毫不动摇"即"毫不动摇巩固和发展公有制经济""毫不动摇鼓励、支持、引导非公有制经济发展"，是中国共产党对多年来坚持和发展基本经济制度成功经验的高度概括。正是在坚持"两个毫不动摇"的过程中，我们创造了世所罕见的经济发展奇迹。

坚持完善基本经济制度的根本要求

生产资料所有制是社会经济制度的基础，是决定社会性质和发展方向的根本因素。新中国成立后，我国建立了以生产资料公有制为基础的社会主义经济制度，成功实现了中国历史上最深刻最伟大的社会变革，为生产力的发展开辟了广阔道路。改革开放以来，我国确立了公有制为主体、多种所有制经济共同发展的社会主义初级阶段的基本经济制度，为经济持续快速发展提供了坚实的制度基础，这是中国共产党确立的一项大政方针，是中国特色社会主义制度的重要组成部分，也是完善社会主义市场经济体制的必然要求。

实践证明，坚持和发展中国特色社会主义，推动我国经济持续健康发展，必须不断坚持完善我国的基本经济制度，毫不动摇巩固和发展公有制经济，毫不动摇鼓励、支持、引导非公有制经济发展，将二者有机统一起来，这是坚持完善我国基本经济制度的根本要求。

毫不动摇地巩固和发展公有制经济，有利于落实以人民为中心的发展思想、贯彻新发展理念；有利于集中力量办大事、加强完善宏观调控；有利于保障人民共同利益、实现共同富裕；有利于维护国家安全、推进自主发展。

毫不动摇地鼓励、支持、引导非公有制经济发展，有利于促进增长、增加就业、改善民生、推进创新，增强经济的活力。我国民营经济只能壮大、不能弱化，而且要走向更加广阔的舞台。

改革开放40多年来，正是因为我们坚持"两个毫不动摇"，调动公有制经济和非公有制经济两个方面的积极性，发挥两个方面的优势，所以公有制经济和非公有制经济都得到了充分的发展，我国的社会生产力、经济实力、科技实力、综合国力大大增强，人民生活水平、居民收入水平、社会保障水平显著改善。实践证明，只有坚持"两个毫不动摇"，既不搞单一公有制，也决不搞全盘私有化，才能始终坚持和发展中国特色社会主义，实现全面建成社会主义现代化强国的目标。

行稳致远（篆刻）　李志顺

夯实社会主义市场经济的根基

社会主义市场经济是与社会主义基本制度相结合的新型市场经济，社会主义基本经济制度是社会主义市场经济的根基。深化经济体制改革、完善社会主义市场经济体制，一个关键环节就是要适应市场经济的要求，不断坚持完善我国的基本经济制度，形成能够更好地实现社会主义基本制度与市场经济相结合、更好发挥社会主义制度优势和市场经济长处的社会主义市场经济体制。

公有制的主体地位必须始终坚持，但公有制经济的实现形式和体制机制必须随着生产力的发展而不断改革完善。改革开放以来，我国国有企业改革以增强企业活力为起点，先后经历放权让利、制度创新、战略性调整和分类推进改革等阶段，与市场经济的融合日益紧密，在市场竞争中不断发展壮大。2019年进入《财富》世界500强排行榜的中国企业达到129家，其中国有企业上榜89家，且排名不断上升，向着具有全球竞争力的世界一流企业稳步迈进。

集体所有制经济是社会主义公有制经济的重要组成部分，是公有制经济的一种重要实现形式。改革开放以来，我国城乡集体经济发展迅速，逐步形成具有效率和活力的社会主义集体所有制经济发展的新形式。农村以生产资料的集体所有为基础，实行家庭联产承包经营、统分结合的双层经营体制，解放和发展了我国农村生产力，调动了广大农民的积极性，农村集体经济在产业融合发展、减困脱贫中释放出新的活力，有效推动了我国农村各项事业的快速发展。

非公有制经济是社会主义市场经济发展的重要力量。我国非公有制经济从小到大、由弱变强，是改革开放以来在中国共产党的方针政策指引下发展起来的。改革开放以来，我国非公有制经济快速发展。比如民营经济就具有"五六七八九"的特征，即贡献了50%以上的税收，60%以上的国内生产总值，70%以上的技术创新成果，80%以上的城镇劳动就业，90%以上的企业数量，已成为经济社会发展的重要基础。促进非公有制经济健康发展，既要政府的引导和支持，又要企业自身的完善和发展，要着力构建既"亲"又"清"的新型政商关系。

▶ 促进多种所有制经济共同发展

坚持公有制为主体，促进非公有制经济发展，必须统一于社会主义现代化建设的实践进程，既不能把这两者对立起来，也不能偏废任何一方。公有制经济和非公有制经济都是社会主义市场经济的重要组成部分，都是我国经济社会发展的重要基础。公有制经济、非公有制经济应该相辅相成、相得益彰，而不是相互排斥、相互抵消。

坚持以公有制为主体，发挥国有经济的主导作用，有利于引导国民经济的稳定协调健康发展，为民营经济发展提供良好的宏观环境。民营经济的健康发展有利于为国有经济的发展提供良好的市场环境。必须看到，我国国有企业和民营企业已经形成了完整的产业链。国有企业多处于产业链上游，在基础产业和重型制造业等领域发挥作用，民营企业越来越多地提供制造业产品特别是最终消费品，两者是高度互补、互相合作、互相支持的关系，未来中国经济将沿着这个方向不断提高，走向高质量发展。

积极发展混合所有制经济，推进公有制经济与非公有制经济相互促进、相互融合。国有资本、集体资本、非公有资本等交叉持股、相互融合的混合所有制经济，是社会主义基本经济制度的重要实现形式，也是多种所有制经济共同发展的重要载体。发展混合所有制经济有利于公有制经济和非公有制经济之间实现优势互补、资源共享、体制相融、共同发展，有利于国有资本放大功能、保值增值、提高竞争力，形成新的制度形式和竞争优势。促进国有经济和民营经济在更大范围和领域的"我中有你，你中有我"，国有企业和民营企业相互竞争、相互合作，形成"国进民进"协调发展的新格局。

"放管服"改革为企业发展释放活力。图为福建地税推行"最多跑一趟"优化服务,工作人员在为纳税人办理涉税业务。

新华社记者 宋为伟/摄

▶ 在新时代更好坚持完善基本经济制度

坚持"两个毫不动摇",加快完善社会主义市场经济体制,推动经济转型升级。完善社会主义市场经济体制必须深化国有企业改革,着力破除体制机制障碍,加快推动国有经济布局结构调整优化步伐,扎实推进战略性重组。加快完善国有资产管理体制步伐,改革国有资本授权经营体制,探索各种所有制经济深度合作的途径和办法。完善社会主义市场经济体制必须支持民营企业发展,破除各种隐性壁垒,全面实施市场准入负面清单制度,清理废除妨碍统一市场和公平竞争的各种规定和做法,破除各种"玻璃门""旋转门""弹簧门",努力为民营企业降门槛、减手续、添动力。

坚持"两个毫不动摇",着力建设现代化经济体系,推进高质量发展。现代化经济体系是适应高质量发展阶段的经济体系。必须坚持"两个毫不动摇",充分发挥不同所有制经济的优势,促进各类所有制经济公平竞争、合作共荣,这样才能推动整个国民经济的高质量发展。公有制经济尤其是国有企业在保障人民共同利益、重大科技攻关、发展实体经济和维护国家安全等方面具有优势，在事关国家发展重大战略和国计民生重大事业方面发挥重要作用。而非公有制经济尤其是民营企业在满足市场多层次多样化需求、提升供给质量和促进更为平衡、更为充分的发展等方面具有自身的优势。

坚持"两个毫不动摇"，着力构建全面开放新格局，推动高水平对外开放。进入新时代，开放也要上水平、提质量。推进全面开放新格局，不仅意味着扩大开放的范围、拓宽开放的领域、加深开放的层次，还意味着创新方式、优化布局、提升质量。推进全面开放新格局必须发挥公有制经济与非公有制经济各自的作用，既要鼓励中国企业尤其是大型企业走出去，又要大幅度放宽市场准入、保护外商合法权益；既要发挥国有企业在"一带一路"建设中的主力军作用，又要发挥民营企业重要作用，优化我国对外投资战略布局。坚持"引进来"与"走出去"更好结合，坚持引资和引技、引智并举，加强在创新领域的各种形式的合作，促进经济迈向中高端水平。要在推动公有制经济和非公有制经济共同发展中，充分利用国际国内两个市场、两种资源，培育一批国际化经营人才，形成一批在国际资源配置中占主导地位的领军企业。

中国特色社会主义进入新时代，我国社会主要矛盾已经转化为人民日益增长的美好生活需要和不平衡不充分的发展之间的矛盾。我们必须一如既往地坚持和完善社会主义基本经济制度，更好坚持"两个毫不动摇"，推动中国经济行稳致远。"两个毫不动摇"也必将为实现"两个一百年"奋斗目标和中华民族伟大复兴的中国梦发挥新的更大作用。

扫一扫：理上网来

求是专题

社会主义市场经济的
制度优势

■ 刘凤义

刘凤义 南开大学马克思主义学院、经济学院教授、博士生导师，马克思主义学院院长，兼任中国特色社会主义经济建设协同创新中心副主任、全国中国特色社会主义政治经济学研究中心常务副主任。主要研究方向为马克思主义政治经济学、中国特色社会主义政治经济学。在《马克思主义研究》等报刊发表论文多篇，主持国家社科基金青年项目、重点项目各1项以及教育部人文社科重点研究基地重大项目两项。

内容摘要：中国经济奇迹是如何取得的？一个关键因素，就是大力发展社会主义市场经济，既发挥市场经济的长处，又发挥社会主义制度的优越性。社会主义市场经济的特点和优势在于：坚持以满足人民对美好生活的需要为社会主义生产的根本目的；坚持公有制为主体、多种所有制经济共同发展的基本经济制度；坚持按劳分配为主体、多种分配方式并存的基本分配制度；坚持共享发展理念，走共同富裕道路；坚持发挥"有效市场"和"有为政府"两方面优势；坚持扩大开放，推动构建人类命运共同体；坚持中国共产党对经济的领导。

新中国成立70年特别是改革开放以来，我国经济建设成就巨大。为什么中国能在短短几十年间创造如此奇迹？一个关键因素，就是大力发展社会主义市场经济，既发挥市场经济的长处，又发挥社会主义制度的优越性。

市场经济作为一种资源配置方式，可以与不同制度相结合：与资本主义制度相结合，形成资本主义市场经济；与社会主义制度相结合，形成社会主义市场经济。资本主义市场经济在历史上发挥了积极作用，创造过巨大的生产力。在当代发达资本主义国家，有以美国为代表的自由市场经济模式、以德国为代表的社会市场经济模式、以日本为代表的法人垄断资本主义模式、以瑞典为代表的福利市场模式等。实践证明，这些不同市场经济模式虽然各有短长，但是都不同程度存在两极分化、经济危机、资本垄断、发展失衡等深刻的矛盾和弊病。2008年严重的世界经济金融危机爆发，令资本主义市场经济模式黯然失色。那些实行资本主义市场经济的发展中国家，经济社会的发展长期处于落后状态，资本主义市场经济的矛盾和弊病更加突出。只有克服这些矛盾和弊病，才能更好地促进生产力解放和社会全面发展。

我国消费市场日益成熟，吸引了世界各国消费者前来购物。图为消费者在位于浙江义乌的中国小商品城国际商贸城挑选灯笼。

新华社记者　龚献明／摄

因此，问题的关键不仅在于要不要实行市场经济，更在于实行什么样的市场经济。改革开放以来，我国之所以能够实现经济的持续快速发展、综合国力的极大增强和人民生活水平的大幅提高，创造出举世瞩目的经济发展奇迹，关键就在于我们大力发展社会主义市场经济，不断完善社会主义市场经济体制，为市场经济的发展开辟了新的广阔空间，显示出巨大的优势。

社会主义市场经济有什么特点，有什么优势？

坚持以满足人民对美好生活的需要为社会主义生产的根本目的。资本主义生产的根本目的是为资本家赚钱，资本主导下的生产关系只是为赚钱而生，最终不是为了满足民生福祉。社会主义生产的根本目的是满足人民日益增长的美好生活需要，我们发展市场经济，就是为了充分发挥市场经济具有的信息灵敏、效率较高、激励有效、调节灵活等优点，增强经济发展的活力，提高经济发展的效率，更好地满足人民的需要。新中国成立70

年，我们就让近14亿人口摆脱了贫困，这是发达资本主义国家几百年都做不到的事情。为什么我们能做到？就是因为我们坚持社会主义制度。我们坚持以人民为中心的发展思想，坚持新发展理念、推动高质量发展、推进供给侧结构性改革，说到底，都是为了更好解放发展生产力，更好满足人民日益增长的美好生活需要，更好实现社会主义生产目的。

坚持公有制为主体、多种所有制经济共同发展的基本经济制度。在当今世界，无论是资本主义国家还是社会主义国家，所有制结构都是多元化的混合形态，不存在纯而又纯的单一的所有制形态。区别在于，在资本主义国家，生产资料私有制处于主体地位，国有经济只是私人资本的一种补充形式，为私人资本拾遗补阙，可有可无，可多可少。与此不同的是，中国特色社会主义经济实行以公有制为主体、多种所有制经济共同发展的基本经济制度，这是中国特色社会主义制度的重要组成部分，也是完善社会主义市场经济体制的必然要求。坚持公有制主体地位、发挥国有经济在国民经济中的主导作用，保证了经济发展沿着中国特色社会主义道路向前迈进，稳步实现全体社会成员的共同富裕。坚持多种所有制共同发展，保障了各经济主体的利益，调动了各经济主体的积极性、主动性和创造性，形成了推动经济发展的强大合力。

坚持按劳分配为主体、多种分配方式并存的基本分配制度。资本主义市场经济以私有制为基础，以最大限度实现资本增殖为目标，仅仅依赖市场自发作用，必然造成财富占有和收入分配两极分化。在发达资本主义国家中，美国是最信奉自由市场经济的国家，也是发达资本主义国家贫富差距最大的国家，即1%与99%的分化与对立。与此不同的是，我国的社会主义市场经济实行按劳分配为主体、多种分配方式并存的分配制度，这一制度既有利于崇尚劳动光荣，鼓励劳动创造，消除不劳而获，防止两极分化，调动全体劳动者的劳动积极性和创造性，又有利于调动各类要素主体的积极性，让一切劳动、知识、技术、管理和资本的活力竞相迸发，让一切创造社会财富的源泉充分涌流，使各种资源都得到充分有效的利用。

坚持共享发展理念，走共同富裕道路。共享是对社会财富的共同分享，需要建立在一定社会制度基础上。在劳资关系根本对立的资本主义私有制中，共享不可能成为资本主义制度的内在属性。社会主义制度则不同，生产资料公有制和按劳分配，为共享提供了制度保障。共享是中国特色社会主义的本质要求，是社会主义制度优越性的集中体现，是我们党坚持全心全意为人民服务根本宗旨的重要体现。共享发展有着丰富的内涵，主要包括全民共享、全面共享、共建共享和渐进共享，这四个方面是相互贯通的有机整体，构成新时代中国特色社会主义经济制度的重要内容。推进共享发展，一方面要充分调动人民群众的积极性、主动性、创造性，举全民之力推进中国特色社会主义事业，不断把"蛋糕"做大；另一方面，要把做大的"蛋糕"分好，让社会主义制度的优越性得到充分体现，让人民群众有更多获得感。

坚持发挥"有效市场"和"有为政府"两方面优势。市场经济发展几百年来，无论在理论上还是实践上，如何解决政府和市场的关系都是一个大课题。中国特色社会主义在探索让市场在经济配置中起决定性作用的同时，也着力探索更好发挥政府作用。正如习近平总书记所指出的："我们要坚持辩证法、两点论，继续在社会主义制度与市场经济的结合上下功夫，把两方面优势都发挥好，既要'有效的市场'，也要'有为的政府'，努力在实践中破解这道经济学上的世界性难题。"社会主义市场经济中的政府作用，不同于西方国家政府代表资产阶级利益，只是通过弥补市场失灵、提供公共产品，为资本获得最大利润创造条件。社会主义市场经济中的政府，作为生产资料公有制和全体人民利益的总代表，通过合理参与社会生产和再生产过程，通过经济计划、长远规划等，按照满足人民需要根本目的，在社会的范围内合理配置社会资源，促进经济全面协调可持续发展。社会主义市场经济中的宏观调控，也不仅仅是起到"消防员"作用，而是既遵循现代市场经济的一般规律，又体现社会主义制度的独特优势，不断创新宏观调控方式，将当前与长远、总量与结构、供给与需求、有效市场与有为政府有机地结合起来。

坚持扩大开放，推动构建人类命运共同体。经济全球化是时代潮流，是科技进步和生产力发展的必然要求。但长期以来，经济全球化是发达资本主义国家主导的全球化，带有明显的"双刃剑"的性质，一方面全球化推动了生产力的发展，使物质财富不断积累，科技进步日新月异，人类文明发展到历史最高水平；另一方面，地区冲突频繁发生，恐怖主义、难民潮等全球性挑战此起彼伏，贫困、失业、收入差距拉大，世界面临的不确定性上升。我们发展社会主义市场经济，就是把坚持独立自主和经济全球化结合起来，坚持把"走出去"与"引进来"结合起来，充分利用国内国际两个市场、两种资源，发展更高层次的开放型经济，致力于构建人类命运共同体，推动建立公正合理的国际经济新秩序，推动经济全球化朝着普惠共赢方向发展，推动构建开放型世界经济，促进世界经济强劲、可持续、平衡、包容增长，在促进自身发展的同时，也为世界的发展作出了

作为中国首批14个沿海开放城市之一，青岛利用"走出去"与"引进来"打造中国"品牌之都"，推动全方位对外开放，并实施"国际化+"行动，推动更大范围、更广领域、更深层次开放。青岛是中国不断扩大对外开放的缩影：开放之门越开越大，城市"本钱"越积越厚！图为青岛浮山湾景色。

新华社记者　李紫恒/摄

贡献。

坚持中国共产党对经济的领导是社会主义市场经济的制度优势。邓小平同志曾明确指出："社会主义市场经济优越性在哪里？就在四个坚持。四个坚持集中表现在党的领导。"中国共产党领导是中国特色社会主义最本质的特征，也是社会主义市场经济的制度优势。中国共产党始终代表最广大人民群众的根本利益，坚持以人民为中心的发展思想，把增进人民福祉、促进人的全面发展、朝着共同富裕方向稳步前进作为经济发展的出发点和落脚点。中国共产党代表人民利益，深得人民的拥护和信赖，无论遇到什么困难，在党的领导下都能凝心聚力、共渡难关。坚持党对经济工作的集中统一领导，有利于实现经济和政治的有机统一，既能激发市场的活力，提高经济效益，又能发挥社会主义制度优越性，充分调动各方面的积极因素，促进社会公平正义。习近平总书记指出："坚持党的领导，发挥党总揽全局、协调各方的领导核心作用，是我国社会主义市场经济体制的一个重要特征。"改革开放以来我国经济社会之所以取得举世瞩目的伟大成就，我国人民生活水平之所以能够大幅度提升，是同我们坚定不移坚持中国共产党的领导、充分发挥各级党组织和全体党员作用分不开的。

中国特色社会主义进入新时代，改革开放也进入了新时代。我们要坚持社会主义市场经济的改革方向，全面深化改革，扩大对外开放，不断完善社会主义市场经济体制，继续在社会主义基本制度与市场经济的结合上下功夫，把两方面优势都发挥好，推动经济社会稳健前行、健康发展。

中国经济为什么能够行稳致远

■ 文 宇

内容摘要：中国特色社会主义进入了新时代，我国经济发展也进入了新时代，基本特征就是我国经济已由高速增长阶段转向高质量发展阶段。在面临多年少有的国内外复杂严峻形势、经济出现新的下行压力的情况下，中国经济运行保持了总体平稳、稳中有进态势。中国经济行稳致远、长期向好的趋势，是中国经济发展从低级到高级、从量变到质变，在新时代取得历史性成就、发生历史性变革的厚积薄发。我们既要坚信中国的发展前途光明，又要充分认识到道路曲折、困难很多，发挥中国共产党领导和我国社会主义制度的政治优势，聚精会神做好自己的事。

改革开放以来，在新中国成立以来建设成就的基础上，我国经济连续30多年保持近10%的高速增长，创造了经济发展的奇迹。中国特色社会主义进入了新时代，我国经济发展也进入了新时代。以经济建设为中心是兴国之要，习近平总书记指出，现阶段，我国经济发展的基本特征就是由高速增长阶段转向高质量发展阶段。"发展必须是科学发展，必须坚定不移贯彻创新、协调、绿色、开放、共享的发展理念。"

高质量发展就是能够很好满足人民日益增长的美好生活需要的发展，是体现新发展理念的发展，是创新成为第一动力、协调成为内生特点、绿色成为普遍形态、开放成为必由之路、共享成为根本目的的发展，就是经济发展重点从"有没有"转向"好不好"。

航船已经起航，道路已经指明。近年来，在面临多年少有的国内外复杂严峻形势、经济出现新的下行压力的情况下，我国经济运行保持在合理区间，经济结构不断优化，发展新动能快速增强，改革开放取得新突破，人民生活持续改善，生态文明建设成效显著，人民获得感、幸福感、安全感明显增强。我国保持了经济持续健康发展和社会大局稳定，在高质量发展的道路上不断取得新进展。

改革开放40多年记录了中国快速发展的历程,也见证了中国助推世界共同发展进步的历程。从2015年起,中国电建集团下属的山东电建三公司在摩洛哥瓦尔扎扎特承建努奥光热电站项目二期和三期工程。图为2018年6月7日在瓦尔扎扎特拍摄的努奥光热电站项目三期工程。

新华社/发 山东电建三公司/供图

  改革开放以来,唱衰中国经济的论调从未间断,尤其是在中国经济从高速增长转为中高速增长、美国单方面挑起中美经贸摩擦加大我国发展风险挑战的形势下,此种论调有甚嚣尘上之势。但是,如果我们不囿于短期经济波动,不困于一时的得失,而着眼于经济发展的内在逻辑和长期趋势,就会得出不同结论。

  首先,按照目前的增速,中国仍然是世界上经济增长最快的主要经济体之一。根据世界银行统计数据,2015年、2016年、2017年和2018年世界整体经济增速分别为2.9%、2.6%、3.2%和3.0%,中等收入国家增速分别为3.9%、4.3%、4.9%和4.6%,高收入国家增速则分别为2.3%、

1.7%、2.3%和2.2%。而同期中国经济增速分别为6.9%、6.7%、6.8%和6.6%，不仅是全球整体水平的两倍以上，而且比高收入国家快得更多。2019年上半年，中国经济增长6.3%，而美国经济增长2.5%，日本经济增长1.1%，德国经济增长0.4%，巴西、南非和俄罗斯等金砖国家经济增长也依旧疲软。在全球经济增速放缓的背景下，我国持续保持6%以上的经济增长实属不易。

其次，尽管增速有所放缓，但是从总量上看，经济增长的规模仍然十分可观。对于一个经济体而言，随着经济总量的提升，同样水平的GDP增速所对应的实际增量会越来越大。2018年，中国GDP超过90万亿元，增长率为6.6%，对应的新增价值量是79555亿元，与1997年全国的国内生产总值总量79715亿元相当。中国经济总量不断增大，集聚的动能是过去两位数的增长都达不到的。

再次，在经济增长速度降低的同时，经济增长的质量明显提高。比如，2013—2018年，我国规模以上工业企业利润年均增速8.6%，全员劳动生产率年均增速6.8%，常住人口城镇化率提高了5.9%，万元国内生产总值能耗年均下降4.3%，万元国内生产总值二氧化碳排放年均降低5.4%，全国居民人均可支配收入年均增长7.3%，全国居民人均消费支出年均增长6.6%，更好体现了创新、协调、绿色、开放、共享的新发展理念的要求。

从高速增长阶段转向高质量发展阶段的趋势，中国经济发展稳中向好、长期向好的趋势，不是偶然发生的，而是中国经济从低级到高级、从量变到质变，在新时代取得历史性成就、发生历史性变革的厚积薄发，这一趋势没有改变也不会改变。

从发展的基础看，新中国成立70年来，特别是改革开放40多年来，中国经济发展取得举世瞩目的成就。现在，我国是世界第二大经济体、制造业第一大国、货物贸易第一大国、商品消费第二大国、外资流入第二大国，我国外汇储备连续多年位居世界第一，近年对世界经济增长贡献率约为30%。我国人均国内生产总值接近1万美元，国内生产总值占世界生产总值的比重近16%，显示出中国的综合国力和经济实力大大增强。

从科技支撑条件看，我国的科技创新能力正在从量的积累向质的飞跃、从点的突破向系统能力提升转变，一些重要领域跻身世界先进行列，某些领域正由"跟跑者"向"并跑者""领跑者"转变。2018年，中国研发投入全球排名第二，约占经济总量的2.18%，按折合全时工作量计算的全国研发人员总量达到419万人，已连续6年稳居世界第一。以战略性新兴产业、分享经济等为代表的新动能不断增强，科技对经济发展的支撑引领能力显著增强，我国已经成为具有重要影响力的科技大国，正向着科技强国的目标大步迈进。

从市场支撑条件看，我国有近14亿的人口规模，中等收入群体超过4亿，2018年我国全年社会消费品零售总额达到了380987亿元，全年最终消费支出对国内生产总值增长的贡献率为76.2%，消费成为保持经济平稳运行的"稳定器"和"压舱石"。我国市场具有增长速度快、发展潜力大、持续成长性好、带动性强的鲜明特点，随着经济转向高质量发展阶段，人民日益增长的美好生活需要不断得到满足，新的市场增长点正加快孕育并不断破茧而出。

从后发优势看，作为世界上最大的发展中国家，中国的经济发展仍然处于工业化、城镇化和现代化快速推进的发展阶段，处于从经济大国向经济强国加速迈进的关键时期。在人均收入上，2018年中国人均GDP是美国的16%左右，城镇化率不到60%，经济发展存在巨大空间。特别是，我国现代化过程中，新型工业化、信息化、城镇化、农业现代化深度融合同步发展阶段优势叠加，蕴含着巨大的发展潜力和能量，我国经济的"后发优势"仍处于集中爆发时期。

从大国优势看，我国人口众多、资源丰富、幅员辽阔、经济体系完整、市场规模巨大。我国有近14亿人口、9亿劳动力、1.7亿受过高等教育和专业技能培训的人才资源，储蓄率接近50%；是世界上唯一拥有联合国产业分类中全部工业门类的国家，在世界500种主要工业产品中，220种工业产品产量居世界首位，产业链条完备；具有生产要素大规模集聚产生的规模经济优势，分工密集、产品种类繁多的范围经济优势和区域之间差异互补的协同发展优势。

从经济体制看，改革开放以来持续探索形成的社会主义市场经济体制优势巨大。这一体制既发挥了市场经济的长处，又发挥了社会主义制度的优越性，实现了政府和市场、公平和效率、发展和稳定、自主和开放的有机结合，推动了经济社会持续健康发展，取得了举世瞩目的伟大成就。中国特色社会主义进入新时代，我国改革开放也进入了新时代，改革不断深化，开放不断扩大，社会主义市场经济体制更加成熟，活力和效率进一步增强。

从政策保障看，我们坚持以新发展理念为指导，牢牢把握高质量发展这一根本要求，以供给侧结构性改革为主线，不断创新完善宏观调控，成

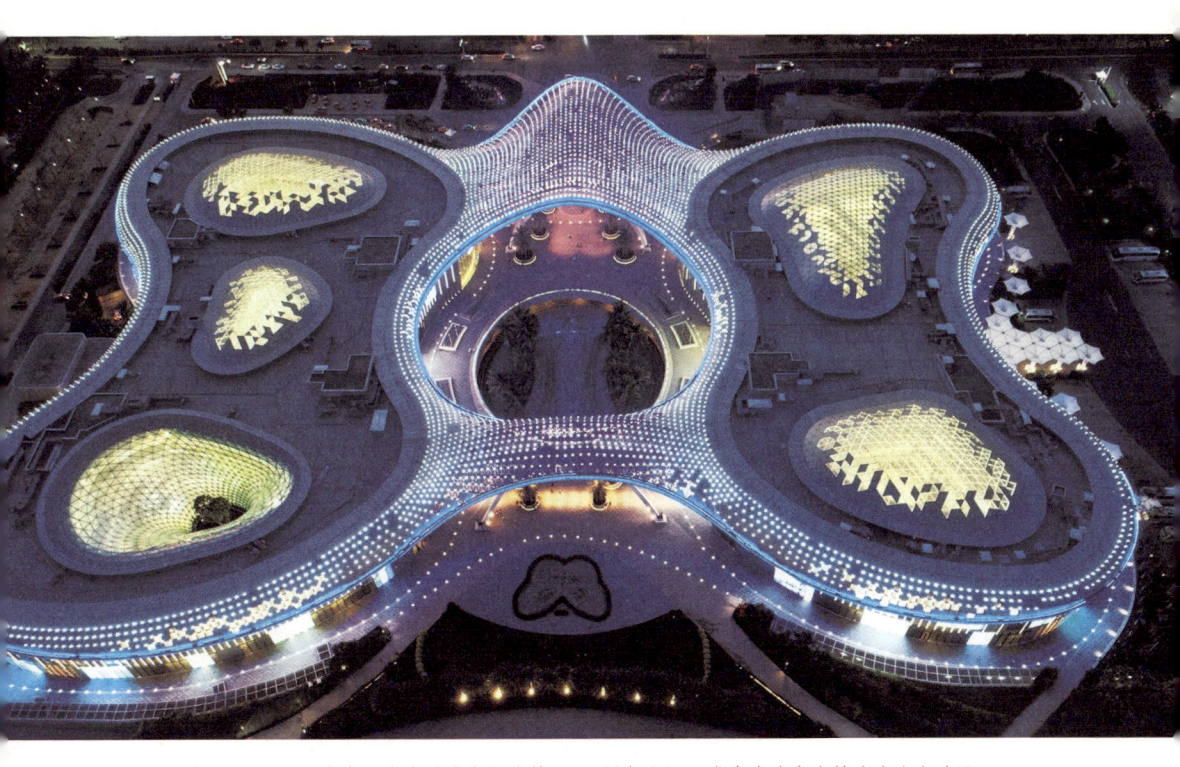

2018年4月13日，在庆祝海南建省办经济特区30周年之际，党中央决定支持海南全岛建设自由贸易试验区，逐步探索、稳步推进中国特色自由贸易港建设；10月，《中国（海南）自由贸易试验区总体方案》公布。至此，全国12个自贸区组成改革开放的"新雁阵"，引领中国更高水平对外开放的进程。图为三亚国际免税城夜景。　　　　　**新华社记者　杨冠宇／摄**

功驾驭经济发展大局，取得了宝贵经验，形成了政府和市场结合、短期和中长期结合、总量和结构结合、国内和国际统筹、改革和发展协调的完备的宏观调控体系。现在，无论是财政政策、货币政策、就业政策，还是产业政策、科技政策、投资政策等，都存在充足的空间。

从政治保证看，我们有以习近平同志为核心的党中央的坚强领导、掌舵领航驾驭经济社会发展的高超能力，有社会主义制度"集中力量办大事"的政治优势，有万众一心、众志成城的民族精神，中国人民和中华民族在历史进程中积累的强大能量已经充分爆发出来了，正在汇聚起亿万人民创造历史的磅礴伟力，无坚不摧、无往不胜。

当前，我国经济发展面临的国际环境和国内条件在发生深刻而复杂的变化，经济发展面临新的风险和挑战，经济下行压力加大，自主创新能力不强，关键核心技术短板问题凸显。外部的不确定不稳定性，对经济发展产生了一定影响。我们既要坚信中国的发展前途光明，又要充分认识到道路曲折、困难很多，要增强信心、坚定决心，聚精会神做好自己的事，打好防范和抵御风险的有准备之战，打好化险为夷、转危为机的战略主动战。坚持稳中求进工作总基调，坚持以供给侧结构性改革为主线，坚持新发展理念、推动高质量发展，坚持推进改革开放，坚持宏观政策要稳、微观政策要活、社会政策要托底的总体思路，统筹国内国际两个大局，统筹做好稳增长、促改革、调结构、惠民生、防风险、保稳定各项工作，促进经济持续健康发展。只要我们保持定力、站稳脚跟，在埋头苦干中增长实力，在改革创新中挖掘潜能，在积极进取中开拓新局，中国经济航船就一定能够乘风破浪、行稳致远，在新时代推动经济高质量发展的新征程中，谱写更加绚丽的新篇章。

扫一扫：理上网来

《求是》在线读刊

中 国 稳 健 前 行

▶ 政　治

- 中国民主道路的四条经验
- 中国特色社会主义民主的特点和优势
- 从国际比较看中国政治优势
- 当我们谈论"民主"时，在谈些什么？
- "中国奇迹"背后的政治动因
- "中国之治"的政治保证

中国民主道路的四条经验

■ 房 宁

房 宁 现任中国社会科学院政治学研究所党委书记、研究员。长期从事政治理论与实践研究工作，多次参加国家有关部门的重要调研和理论文章写作工作。2010年9月，为十七届中共中央政治局第二十三次集体学习讲解《正确处理新时期人民内部矛盾》；2013年4月，为十八届中共中央政治局第五次集体学习讲解《我国历史上的反腐倡廉》。出版著述《社会主义是一种和谐》《全球化阴影下的中国之路》《成长的中国——当代中国青少年国家民族意识研究》《论民族主义思潮》《民主的中国经验》《亚洲政治发展比较研究的理论性发现》《中国政治制度》等。

内容摘要："调动积极性是最大的民主。"与西方民主不同，中国民主道路的发展有四条经验：保障人民权利与集中国家权力并举，协商民主是现阶段中国民主政治发展的重点，循序渐进地不断扩大和发展人民权利，中国政治发展道路的实施策略是"摸着石头过河"。权利的实现是长期的社会进程，宪法和法律的确立仅仅是权利的起点而非终点，宪法和法律本身就是一部权利实现的历史。协商的前提与基础是参与各方的平等地位，协商要义是寻求社会共识最大"公约数"。中国发展和实现人民民主权利的根本之道是以经济建设为中心，大力发展社会生产力，通过不断促进经济、社会、文化发展，逐步地发展和扩大人民的民主权利。这些是在经济社会快速发展、人民权利意识不断上升的"复杂中国"持续保持政治稳定的重要经验。

中国特色社会主义政治制度和民主政治发展道路是中国共产党和中国人民的伟大创造。中国改革开放以来取得巨大进步的基础就是找到了一条中国特色社会主义的道路，形成了一套中国特色社会主义制度。党的领导、人民当家作主和依法治国有机统一，是中国特色社会主义民主政治的根本特征，是中国最重要的政情。中国民主政治的发展道路取得了自己的经验，概括来说可以归纳为四个方面。

▶ 保障人民权利与集中国家权力并举

以中国共产党领导、人民当家作主和依法治国有机统一为基本内容的政治模式及其基本制度框架，提供了保障人民权利和集中国家权力的双重功能。

保障人民权利的价值在于以制度形式建立普遍的社会行为规范，并进一步形成政治和经济活动预期，激励和焕发民众从事生产和创造性活动的

中华人民共和国第一届全国人民代表大会第一次会议全体代表于1954年9月21日合影。毛泽东主席和代表们在一起。前排左起：董必武、周恩来、李济深、刘少奇、毛泽东、宋庆龄、张澜、林伯渠。

新华社稿 侯 波/摄

积极性、主动性。这也是世界各国工业化、现代化进程中促进社会进步的普遍经验。改革开放给中国人民带来了前所未有的经济、社会自由，带来了权利的开放和保障，极大地激发出亿万中国人民追求美好幸福生活的积极性、主动性和创造性。

在资源禀赋没有发生根本性变化的条件下，由于人民生产积极性的变化，中国经济出现了历史性的跨越式发展。这是中国民主政治产生的巨大社会推动力的结果。改革开放以来，中国取得巨大的经济成功，中国大地上不可胜数的从无到有、脱颖而出、卓尔不群的成功故事，就是对以权利开放和保障为取向的政治改革最有说服力的注脚。

然而，权利保障还只是中国改革开放和民主政治的一个方面。如果说世界各国民主政治中都包含着权利保障的因素而并不是中国所独有，那么中国民主政治的另一方面，集中国家权力则是当代中国民主政治和政治发展道路最具特色之处。这主要是指中国特色社会主义政治制度集中国家权力的功能，包括调控市场经济行为、制定经济发展战略规划、协调区域发展、推动基础设施建设等。

中国政治制度"集中国家权力"的显著特征有其深刻的背景和原因。中国是一个超大规模的后发国家，中华民族是一个有着辉煌历史和文化记忆的民族。因此，中国的工业化、现代化不仅要改变国家的落后面貌，还要追赶世界先进水平。中国要后来居上，就不能跟在西方发达国家后面亦步亦趋，就一定要走出一条自己的路。

中国共产党的长期执政地位，即"中国共产党的领导"是国家权力集中的制度体现。这是实现社会主义现代化和中华民族复兴最为关键的因素。在党的领导下，中国形成了统一而强有力的中央政权，中国具备了国家法律和政策的统一性、权威性，并且政权和大政方针具有了稳定性和连贯性。

从政治制度的功能方面来看，中国政治模式具有一个由于历史原因形成的代表中国人民整体利益、长远利益和根本利益的政治核心，由这个核心即中国共产党，进行关乎国家和社会发展的重大决策。这种正当性、合法性、权威性来自人民的"一次性授权"，这在中国被称为"人民的选择""历史的选择"。正是因为这样一个政治核心的存在，在重大的决策过程中，就可以在市场经济条件下把不同利益群体之间的利益交换成本降到最低。这也是中国民主和西方民主的一个重要区别。

由于特殊历史与国情以及后发国家的地位，中国必然要实行一种可称之为"战略性发展"的特殊的工业化道路，也就是说通过战略的规划，集中资源，强化发展，并且一以贯之地加以长期坚持与执行。其实许多取得成功的发展中国家或地区也都曾经有过类似的经历，比如说日本、韩国和东南亚的一些国家，也包括我国的台湾。特别是对于中国这样一个幅员辽阔、地域差异悬殊的超大型国家，"战略性发展"的工业化道路所取得的巨大成功，给人的印象更加深刻和突出。

工业化过程中会产生两种社会激励机制：一种是分配性激励，即通过选举、政党政治，去改变分配规则，通过"重新洗牌"获取社会利益；另一种是生产性激励，即促进人们通过生产经营活动，实现社会及个人的发展。资本主义政治体制采取保障权利和开放国家权力（竞选）的双向民主，造成各个政党、利益集团相互排斥攻讦，易于产生扩大社会分歧的倾向。

在富裕稳定的西方国家，这些弊端还能控制在一定范围和程度，而对于那些处于工业化、现代化进程中社会矛盾多发期的发展中国家，西方政治制度的缺陷表现得尤为突出。一些成功的发展中国家，无一例外地采取开放社会权利、集中国家权力的发展策略，这有利于避免分配性激励的弊端，有利于在相对稳定的情况下实现经济社会发展。

协商民主是现阶段中国民主政治发展的重点

将民主在形式上分为"选举民主"和"协商民主"，是中国人对民主的一种理论性创造。西方也有一些学者意识到竞争性选举的缺陷和问题。而在中国的改革开放过程中，明智地选择了协商民主作为这一历史阶段中国发展民主政治的方向和重点。

邓小平曾说过："调动积极性是最大的民主。"这是中国与西方在民主理念上的一个深刻区别。西方的民主理念更加注重民主的形式，注重权利与自由，而中国的民主理念更注重民主的社会功能，注重民主对民生的推动。

不妨用一个比喻来说明西方民主和中国民主的区别。西方民主好比去餐厅吃饭时，顾客"点厨子"。如果你去意大利餐厅，那厨师肯定为你烤制披萨；如果去中餐馆，那大概就是宫保鸡丁了。中国民主好比同样去餐厅，但顾客点的"菜"，吃什么"菜"可以商量。这就是所谓的"政策民主"或协商民主。协商民主实质是在政策上可以吸收民众的意见，是一种注重结果的民主，而不是仅仅在乎民主的形式。

一个国家实行什么样的民主形式，主要取决于这个国家所处的社会发展阶段、社会面临的主要任务以及国际环境，同时还会在一定程度上受到这个国家历史文化传统的影响。这些都是一个国家的国情中的基本因素。着眼于当前中国的形势和任务，中国实际上选择了以协商民主作为推进民主政治建设的重点，而不是以选举民主为重点。

在竞争性的选举民主制度安排下，不同的政党和政治派别必须明确和巩固自己的利益基础，突出本党派对某一个社会利益群体的代表性，同时相应地排斥竞争对手及其所代表的利益群体。其表现就是各个政党或政治派别以争夺权力为价值和目标，相互排斥、相互攻击。其社会效应就是在客观上强化本来就存在的社会群体之间的利益差别，扩大了矛盾。这在我国台湾地区叫作"切割选民"，其给社会带来的负面影响结果就是"族群撕裂"。再加上竞争性选举导致"赢家通吃"现象，往往进一步加大了社会的分歧与对立。缩小社会分歧，整合社会利益与促进社会和谐，实在不是选举民主的强项。特别是对于那些处于工业化、现代化进程中的社会矛盾多发期的发展中国家或地区，竞争性的制度安排的缺陷则表现得十分突出。这正是造成世界上一些发展中国家或地区"一选就乱"，社会长期动荡不宁的重要原因之一。

相比较而言，协商民主的长处和优点就十分明显了。协商的前提与基础是参与各方的平等地位，协商的内容就是寻求利益的交集，寻求最大的

以互联网为依托远程讨论政协工作，是组织动员政协委员共同谋划和推动政协工作的重要安排，是创新政协协商方式、加强和改进政协工作的有益实践。图为2019年全国政协远程讨论会甘肃分会场。

王 聪／摄

"公约数"，协商的作用就在于照顾各方利益，促进共同利益的形成。特别是在矛盾的多发期、易发期，协商民主有利于协调社会矛盾，有利于求同存异、扩大共识。笔者认为，当代中国正处于社会主义现代化和中华民族复兴的关键时期，协商民主是最适合中国现阶段的民主形式，应当成为中国经济社会发展的主要方向和重点。

循序渐进地不断扩大和发展人民权利

中国政治发展道路的经验，首要的部分就包含了保障人民的权利，但人民权利的实现和扩大并不是一蹴而就的。人民权利需要宪法和法律的确认和保护，但法定权利从文本到实现是一个实践过程。权利是伴随着经济、社会、文化的发展而不断扩大和增长的，并非与生俱来的，也不是单纯靠政治斗争争取来的，权利是历史的、社会的、现实的，在具备条件的情况下才有可能享有相应的权利。

我国是社会主义法治国家，我们的依法治国、依宪治国和西方的宪政不一样。西方宪政的要义是宪法司法化。而历史事实表明，一个国家从宪法到法律，从法律再到社会现实，要走过漫长而艰难的历程。

拿美国来说吧，美国独立建国80多年以后，美国宪法才确认了美国立国的基本原则即"人人平等"。从美国宪法最后转化为美国各州的法律，几乎经过了200年的历程。中国的宪法要最终落实到每一部法律，再从法律转化为社会现实，其中遵循的逻辑是：人民权利的实现一定要随着经济社会的发展而逐渐地得到扩大，而不能人为地采用超速的办法，不能用理想化来代替现实。

西方的权利观认为权利是先验，甚至是与生俱来的，即所谓"天赋人权"；或认为权利是法律赋予的，法定权利神圣不可侵犯。但西方政治发展的经验证明，权利的实现是长期的社会进程，宪法和法律的确立仅仅是权利的起点而非终点，宪法和法律本身就是一部权利实现的历史。许多发展中国家或地区遭遇了"民主失败"，一个重要原因是人民权利的扩大超过了政治制度和体制的承载能力，造成了"权利超速"现象，进而导致政治体系的紊乱。

保障人民当家作主的权利，是中国特色社会主义民主政治的根本追求。但是在实现这一目标的实践中，我们从未脱离具体的历史条件把权利神圣化、绝对化、抽象化，从未以先验的、教条主义的态度对待人民的权利问题。中国发展人民权利的根本之道是以经济建设为中心，大力发展社会生产力，通过不断促进经济、社会、文化发展来为人民权利的发展创造有利条件，逐步完善民主制度，稳步发展和扩大人民的权利。这是中国在经济社会快速发展、人民权利意识不断上升的复杂社会环境中依然能够保持社会稳定的重要经验之一。

▶ 中国政治发展道路的实施策略是"摸着石头过河"

改革开放以来，中国政治发展和政治体制改革的策略被形象地称为"摸着石头过河"，即从实践中的问题出发而不是从观念出发，是通过实验分散进行而不是轻易采取"一揽子"方案。所谓从问题出发，是将改革的起点设定于具体问题，从现象入手，在尚未认识事物本质的情况下，圈定本质的现象范围，由表及里、由浅入深地进行改革的尝试，通过部分地解决问题，从量的积累达到质的改变。

我们在改革过程中坚持问题导向，从解决具体问题入手，这就是我们常说的"问题推动"。这是一条非常宝贵的经验。问题推动还有什么好处呢？那就是风险控制。改革是前无古人的事业，改革有风险。如果像当年的苏联那样，搞所谓"一揽子"改革，当出现风险和问题时想挽回就难了。而中国的改革通过试点逐步扩大推开，就有纠错的机会和调整的空间。

"摸着石头过河"本质上是强调实践的重要性，这一策略的具体含义可以概括为"问题推动""经过试点""统筹兼顾"。"问题推动"，就是从现实中的问题出发，从解决实际问题中选择突破口，实为明智之举。解决了现实问题，证明做法的正确和取得了初步成功。积小胜为大胜，可以减少因主观认识的局限和判断失误带来的风险。"经过试点"，就是用实践检验政策和理论，可以给人们纠正错误的机会，具有分散风险的意味。政治体制改革最忌"一揽子"方案，一旦失误，满盘皆输。经过试点就不会有大错，即使改革失败，恰恰意味着避免了更大的错误。"统筹兼顾"，就是考虑到政治问题"牵一发而动全身"，政治改革局部的成功未必具有多大的价值，有些改革在某一方面带来效益，却在其他领域引发新问题。因此，政治体制改革重在评估其整体的效应。

党的十八大以后，我们提出顶层设计和"摸着石头过河"相结合的方法，因为情况越来越复杂，为防止政策互相打架，需要加强政策之间、法律之间的协调性。在社会领域中，整体设计有它一定的必要性，但实际贯彻必然有曲折。政治的本质就是利益综合，不可能按照一个思路走到底。什么时候达成共识，政策就能够出台。顶层设计其实就是加强政策之间的协调性。

现在中国正处于实现社会主义现代化最关键的阶段，"行百里者半九十"，越接近成功并不是越容易而是越困难，并不是越安全而是风险越大。这是世界性的工业化和现代化发展进程中呈现出来的较为普遍的一种规律。走一百里，前面八十里还"哼着歌呢"，到九十里所有问题都来了，各种制度工具的效能发挥到临界点，任何小问题都会在这个阶段被放大。越是在中国实现工业化、现代化最关键的阶段，我们越是要保持政治定力，在坚持和发展中国民主道路的四条经验基础上，坚定不移地坚持和发展中国特色社会主义政治制度，沿着中国特色社会主义民主政治发展道路，稳健迈向国家治理体系和治理能力现代化，持续推进中华民族伟大复兴的事业。

中国特色社会主义民主的特点和优势

■ 秦 宣

秦 宣 中国人民大学马克思主义学院二级教授、博士生导师，中国人民大学习近平新时代中国特色社会主义思想研究院院长，教育部中国特色社会主义理论体系研究中心主任，《中国人民大学学报》主编。教育部跨世纪优秀人才培养计划人才、中宣部"四个一批"人才、国家"万人计划"哲学社会科学领军人才，享有国务院政府特殊津贴。在《求是》《光明日报》《马克思主义研究》等重要刊物上发表学术论文200余篇，出版著作《科学社会主义基础理论研究》《中国特色社会主义新论》等，先后承担过国家级、省部级重点或一般项目数十余项。

内容摘要：中国特色社会主义民主，以马克思主义民主观为指导，深深植根于中国的土壤，具有鲜明的特点和巨大优势。具体表现在：坚持党的领导、人民当家作主、依法治国的有机统一，保证了中国政治发展的正确方向；坚持民主与专政的统一，保证国家一切权力属于人民；坚持民主与集中的统一，以民主集中制为根本组织原则和活动方式，保证社会主义民主的有效性；坚持民主内容和民主形式的统一，保证社会主义民主的真实性；坚持党内民主、党际民主、人民民主的统一，推动社会主义民主的全面发展；坚持选举民主、协商民主、自治民主等形式相统一，确保人民群众的民主权利得到最大限度的实现。进入新时代，只要我们始终坚持走中国特色社会主义民主政治道路，坚定不移地深化体制机制改革，坚持不懈地推进国家治理体系和治理能力的现代化，中国共产党人和中国人民一定能够不断发展具有强大生命力的社会主义民主政治。

民主是世界各国人民的共同追求，是全人类的共同价值。但世界上不存在完全相同的政治制度，也不存在适用于一切国家的政治制度模式。"物之不齐，物之情也。"人类政治文明发展的历史反复印证了一个道理：一个国家设计、发展和完善本国的政治制度，必须坚持从本国国情出发、从实际出发，必须注重历史和现实、理论和实践、形式和内容的有机统一，要走适合本国国情的民主政治道路。

实现人民民主是中国共产党成立以来领导全国各族人民对政治发展道路长期探索作出的历史选择。党的十九大报告明确指出，"中国特色社会主义政治发展道路，是近代以来中国人民长期奋斗历史逻辑、理论逻辑、实践逻辑的必然结果"。

中国特色社会主义民主，以马克思主义民主观为指导，深深植根于中国的土壤，最能体现中国共产党领导下的人民当家作主，最能广泛地反映

西藏民主改革彻底结束了旧西藏政教合一的封建农奴制度，占西藏人口95%以上的农奴和奴隶打碎枷锁，翻身成为自己的主人。从此，雪域高原人民开始了建设团结、富裕、文明新西藏的伟大进程。图为1960年拉萨市东城区蔡公堂乡摆脱了奴隶枷锁的老妈妈以无比兴奋的心情接受土地证。

新华社记者 马鹏万 / 摄

人民群众的民主愿望和政治要求，最能保障人民群众的根本利益，最能从根本上调动人民群众走中国特色社会主义道路的积极性和创造性，最能有效地维护国家统一、民族团结、社会稳定。这条政治发展道路，具有鲜明的特点和巨大优势。

坚持党的领导、人民当家作主、依法治国的有机统一，保证了中国政治发展的正确方向

"方向决定道路，道路决定命运。"中国特色社会主义政治发展道路最鲜明的特征和最大的优势是始终坚持党的领导、人民当家作主、依法治国有机统一，并将这三者统一于建设中国特色社会主义民主政治的伟大实践之中。

党的领导是人民当家作主和依法治国的根本保证。中国共产党是执政党，党的领导是中国特色社会主义最本质的特征，是中国特色社会主义制度的最大优势。我们党领导人民推翻剥削阶级的统治，建立人民民主专政

的国家政权和人民代表大会这一根本政治制度，就是要组织和支持人民当家作主，实现人民群众的根本利益。新中国成立以来，正是因为我们始终坚持党的领导，才得以广泛动员、领导和组织人民掌握好国家权力，管理国家社会事务和各项事业，国家治理体系和治理能力的现代化程度才得以不断提高。

人民民主是社会主义的生命，人民当家作主是社会主义民主政治的本质和核心要求，是社会主义政治文明建设的根本出发点和归宿。共产党执政就是领导和支持人民当家作主，切实尊重和保障人民的政治、经济和文化权益。新中国成立以来，正是党不断推进实践基础上的制度创新，领导人民不断创造各种有效的当家作主的民主形式，坚持依法治国，人民当家作主的权利才得以不断实现，党的执政地位才得到巩固。

依法治国是党领导人民治理国家的基本方略，是社会文明进步的重要标志，是国家长治久安的重要保障。依法治国不仅从制度上、法律上保证人民当家作主，而且从制度上、法律上保证党的执政地位。依法治国的过程，实际上就是在党的领导下维护人民主人翁地位的过程，就是保证人民实现当家作主的过程。新中国成立以来，党领导人民通过国家权力机关制定宪法和各项法律，又在宪法和法律范围内活动，严格依法办事，保证法律的实施，从而使党的领导、人民当家作主和依法治国有机统一起来。

▶ 坚持民主与专政的统一，保证国家一切权力属于人民

我国是工人阶级领导的、以工农联盟为基础的人民民主专政的社会主义国家。人民民主专政是我国的国体，坚持人民民主专政是作为立国之本的四项基本原则中的一项重要内容。毛泽东曾说："对人民内部的民主方面和对反动派的专政方面，互相结合起来，就是人民民主专政。"在改革开放新时期，邓小平明确指出："坚持四项基本原则中为什么要有一条坚持人民民主专政？只有人民内部的民主，而没有对破坏分子的专政，社会就不可能保持安定团结的政治局面，就不可能把现代化建设搞成功。"邓

小平还强调:"对人民实行民主,对敌人实行专政,这就是人民民主专政。运用人民民主专政的力量,巩固人民的政权,是正义的事情,没有什么输理的地方。"

新中国成立70年来,我们正是始终坚持人民民主专政中的"民主",坚持国家的一切权力属于人民,才保证人民依照宪法和法律规定,通过各种形式和途径,管理国家事务,管理经济和文化事业,管理社会事务,保证人民当家作主。与此同时,我们正是坚持人民民主专政中的"专政",充分履行国家政权的专政职能,依法打击破坏社会主义制度、危害国家安全和公共安全、侵犯公民人身权利和民主权利、贪污贿赂和渎职等各种犯罪行为,才维护了法律尊严和法律秩序,保护了国家和人民利益。

总之,中国特色社会主义民主是人民享有的民主,不仅真实体现了人民主权原则,使人民群众的意愿和要求得到充分表达和反映,而且能够通过人民民主专政来维护人民的政权,维护人民的根本利益。

坚持民主与集中的统一,以民主集中制为根本组织原则和活动方式,保证社会主义民主的有效性

我国宪法明确规定,中华人民共和国的国家机构实行民主集中制的原则。中国特色社会主义民主是民主基础上的集中和集中指导下的民主相结合,这也是中国民主政治发展道路的特色和优势。

一方面,党和国家通过完善各项制度,充分保障人民群众依法行使民主权利,各党派、各团体、各民族、各阶层和各界人士,无论从事何种职业、持有何种信仰,都享有平等的政治权利,在共同的政治基础上充分表达不同的意见和诉求,实现最广泛的政治参与,实现最真实的民主;另一方面,中国共产党在充分民主的基础上正确集中各方意见,汇聚各方面的智慧和力量,形成统一意志和统一行动,从而实现广泛民主基础上的高度集中。我们党作为执政党,严格按照民主集中制原则严肃党内政治生活、强化党内监督,严格执行党章关于民主集中制的各项规定,并落实到制定

决策、选人用人等领导工作各个环节，既扩大了党内民主，又维护了中央权威，维护了全党的团结统一。

民主集中制的这种制度安排，既尊重多数、保护少数，反对把个人意志凌驾于集体之上，与官僚专制主义根本不同，又反对把民主和法治相割裂，与无政府主义和极端民主化划清原则界线，有利于发挥社会主义制度的优势，发挥人民群众的积极性、创造性，增强党和国家的活力；有利于促使各类国家机关提高能力和效率、增进协调和配合，形成治国理政的强大合力，切实防止出现相互掣肘、内耗严重的现象；有利于促进经济发展和社会全面进步，维护国家统一、民族团结、社会和谐。

▶ 坚持实质民主和程序民主的统一，保证社会主义民主的真实性

中国特色社会主义政治发展道路坚持从中国国情出发，选择人民当家作主的实现形式。在国体上，坚持人民民主专政；在政体上，人民代表大会制度等四大基本制度构成了我国社会主义民主政治的基本制度框架，既包含着民主政治的一般原则，又体现了中国特色社会主义性质。

人民代表大会制度是我国的根本政治制度，代表最广大人民的共同意志和根本利益，是人民掌握国家政权、行使权力的根本途径和最高形式。我们坚持国家一切权力属于人民，既保证人民依法实行民主选举，也保证人民依法实行民主决策、民主管理、民主监督，切实防止出现选举时漫天许诺、选举后无人过问的现象。

中国共产党领导的多党合作和政治协商制度，是中国特色社会主义的政党制度，既能实现广泛的民主参与，集中各民主党派、各人民团体和各界人士的智慧，促进执政党和各级政府决策的科学化、民主化，又能实现集中统一，统筹兼顾各方面群众的利益，是实现人民当家作主的又一重要形式。这种制度有利于加强社会各种力量的合作协调，切实防止出现党争纷沓、相互倾轧的现象。

民族区域自治制度，是富有中国特色的保障少数民族权利的一项基本

政治制度，体现了民族平等、民族团结、各民族共同繁荣发展的原则，符合我国国情和全国各族人民的根本利益。这一制度有利于巩固平等团结互助和谐的社会主义民族关系，促进各民族和睦相处、和衷共济、和谐发展，切实防止出现民族隔阂、民族冲突的现象。

基层群众自治制度，是广大人民群众在城乡基层单位和组织中依法直接行使民主选举、民主决策、民主管理和民主监督权利的民主制度。这一制度保障人民依法直接行使民主权利，切实防止出现人民形式上有权、实际上无权的现象。

坚持党内民主、党际民主、人民民主的统一，推动社会主义民主的全面发展

中国特色社会主义民主从构成来看，主要包括中国共产党党内民主、共产党与民主党派的党际民主、群众民主即人民民主。

加强党内民主建设是党发展壮大最重要的历史经验，也是保持党的先进性的重要保障。我们党始终坚持从党的生命的高度积极发展党内民主，完善党内民主制度，保障党员民主权利，对社会主义民主发挥了重要的导向作用。

党际民主是我国民主体系中独具特色的重要方面。中国共产党对作为参政党的亲密友好的各民主党派，坚持采取团结合作的方式，既实施政治原则、政治方向和重大方针政策的领导，又保证其独立自主地开展活动，不包办、代替其内部事务，创造了团结稳定、活跃奋进的良好局面和民主氛围。

人民民主是根本，是我国社会主义民主最普遍、最广泛、最一般的内容，也是发展党内民主和党际民主的最终归宿。中国特色社会主义政治制度无论在内容上还是在形式上都以人民当家作主为出发点和归宿，遵循权力运行的基本规律，规定党和国家组织与活动的基本原则，是对人类政治实践经验的科学总结。

实践证明，发展社会主义民主政治，需要将党内民主、党际民主和人民民主三者有机统一起来，相互促进、共同发展。只有这样，中国特色社会主义政治发展道路和民主制度的优势才能得到充分展现。

▎ **坚持选举民主、协商民主、自治民主等形式相统一，确保人民的民主权利得到最大限度的实现**

实现民主的形式是丰富多样的，不能拘泥于刻板的模式，更不能说只有一种放之四海而皆准的评判标准。习近平总书记指出："人民是否享有民主权利，要看人民是否在选举时有投票的权利，也要看人民在日常政治生活中是否有持续参与的权利；要看人民有没有进行民主选举的权利，也要看人民有没有进行民主决策、民主管理、民主监督的权利。"新中国成立70年来，经过不断探索，我们党形成了选举、协商、自治等多种社会主义民主的实现形式，努力把人民的各项民主权利落到实处。

山西省平顺县西沟乡西沟区在1953年9月27日举行选举大会。全国著名农业劳动模范李顺达、申纪兰被选为西沟乡人民代表大会的代表。图为在西沟区选举大会上被选为代表的（自左起）申纪兰、李顺达、韩春兰和张秋全在观看当选证书的情形。　　　　**新华社记者　项化庚／摄**

选举民主，即人民通过选举、投票行使权利，是表达人民意愿、调整利益关系的有效途径，也是发扬中国特色社会主义民主的一个基本形式，它有利于扩大社会各界的有序政治参与。

协商民主，即人民内部各方面在重大决策之前进行充分协商，尽可能就共同性问题达成共识。协商民主是中国特色社会主义民主中独特的、独有的、独到的民主形式，是党的群众路线在政治领域的重要体现，有利于使多数人的意愿和要求得以落实和满足，有利于使少数人的合理意愿和要求得到充分表达和兼顾，有利于密切党同人民群众的血肉联系、促进决策科学化民主化。

自治民主，即由人民群众实行自我管理、自我教育、自我服务，是人民行使民主权利的重要方面。这种自治既包括民族区域自治，又包括村民自治、城市居民自治和企事业单位民主管理等基层群众自治。自治民主能够有效地保障人民群众最关心、最直接、最现实的利益，是中国特色社会主义民主最具体和最生动的体现。

上述几种民主实现形式互相补充、相得益彰，能够确保人民的意愿得到最充分的反映和表达，社会各方面的正当要求得到最大限度的实现和满足。

新中国成立以前，中国是世界列强掠夺的对象，中国人民备受帝国主义、封建主义的欺凌和压迫，毫无民主权利可言。新中国成立后，中国人民以主人翁的姿态创造历史、享受发展成果，卓有成效地展开了社会主义民主建设的伟大实践，使中国朝着富强民主文明和谐美丽的社会主义现代化国家的目标稳步前进。历史有力地说明，在中国这样一个幅员辽阔、人口和民族众多、其前身是半殖民地半封建社会的发展中大国，只有中国特色社会主义民主而没有别的什么道路，能够引领中国民主政治不断发展进步；只有从中国社会土壤中生长起来的中国特色社会主义制度最有生命力、最富有效率。所以，我们必须坚定中国特色社会主义制度自信，增强走中国特色社会主义政治发展道路的信心和决心。

当前，我国仍处于并将长期处于社会主义初级阶段。我国社会主义民主政治建设仅有几十年的历史，仍存在不少亟待解决的问题。习近平总书记指出："中国特色社会主义民主是个新事物，也是个好事物。"进入新时代，只要我们始终坚持走中国特色社会主义民主政治道路，坚持和完善人民当家作主制度体系，坚持不懈地推进国家治理体系和治理能力的现代化，中国共产党人和中国人民一定能够不断发展具有强大生命力的社会主义民主政治。

从国际比较看中国政治优势

■ 杨光斌

杨光斌 中国人民大学特聘教授、国际关系学院院长,中央马克思主义理论研究和建设工程首席专家,教育部长江学者特聘教授,《国家治理研究》主编。入选全国哲学社会科学领军人才。主要研究方向为政治学理论与方法、比较政治(世界政治)、当代中国政府与政治、中国国内政治经济与对外关系。发表中英文学术论文100篇左右,发表中国政治、世界政治和政治理论方面的评论文章近百篇,出版学术专著7本、研究型教科书3本。

内容摘要：国家与国家之间的差异，不是体现在政府形式上，而是体现在治理能力上。而国家治理能力的关键是制度整合力，因此治理能力又与政治制度密不可分。民主集中制是理解中国政治的总钥匙，也是理解"中国奇迹"的政治逻辑。民主集中制的制度和原则保证了中国的制度整合力，这与代议制民主所强化的认同政治以及所造成的政治裂痕形成了鲜明的对比。在以人民为中心的政治秩序下，中国政治制度中出色的制度整合力和国家治理中优秀的政策执行力，相比较于国际上有些国家的代议制民主和低效治理，其优势已经得到充分证明。

理解"中国奇迹"离不开经济的市场化改革，但这绝不是全部答案。说一个国家的强与弱、制度的好与坏、治理的良与劣，都是在国际比较意义上而言的。

对一般老百姓来说，什么是政治？民生和安全就是最大的政治，能够保障安居乐业的制度就是好政治。那么，中国政治的优势到底何在？或者说，到底如何认识实现了"中国奇迹"的内在政治逻辑？

▶ 政治道路的差异：政党制度

人类的政治秩序是由政治发展道路和政治制度所构成的。政治发展道路多种多样，从政治秩序类比来看主要分为"资本秩序"和"民本秩序"。"资本秩序"和"民本秩序"的分叉点在于不同的政党制度。

所谓"资本秩序"，就是资本权力主导的政治秩序。在现代国家建设中，市场化必然导致社会结构的分化，有富人阶层、中产阶层和穷人阶层；不但如此，现代国家建构还是自我强化政治认同的过程，即"我是谁"，从而出现多种民族、多元文化上的自我确认。财富和政治认同都有相应的政治诉求，即通过相应的政党组织来表达，这就必然是多党制。基于社会分化和多元化而形成的多党制，穷人有穷人的政党，富人有富人的政党，不同民族有不同民族主义的政党，这在某种意义上就是一种"自发秩序"，或者说是资本主义的政治秩序。人类自发秩序的一种结果就是弱肉强食，多党制通过代议制选举而实现各阶层、各次级共同体的利益，极容易导致寡头政治。2014年，美国普林斯顿大学和西北大学的一项美国政治研究成果用扎实的数据说明，富人利益集团的诉求很容易变成法律和政策，而穷人阶层的诉求则很难变成政策议程。美国前总统卡特在做节目时曾说"美国不再是一个民主国家"。例如美国枪支泛滥导致每年3万左右的人死伤，因此每次民意调查绝大多数的人都主张控枪，但"民意"毫不管用，枪支依然泛滥。

模仿发达国家"资本秩序"的很多发展中国家，其政治秩序的建构很容易滑向"强社会秩序"。国家只是众多社会权力组织中的一个，国家权力因受制于各种"地头蛇"诸如强势部落首领、地主、商人集团、军阀等而难以作为，国家能力根本组织不起来。在这样的"强社会秩序"中再搞代议制民主，结果可想而知，选举民主的结果只是强化了固有的社会结构。因此，很多发展中国家，社会制度还停留在部落制或封建制。在这样的社会结构之中搞党争民主，绝不是西式民主理论鼓吹的自由民主，而是部落制民主或封建制民主。

所谓"民本秩序"，就是在社会主义条件下建立的以人民为中心、以民为本的政治秩序。在财富分层化和文化多元化的社会，各种群众团体可以有不同渠道的政治诉求表达方式，但其根本利益的代表者只能是坚守以人民为中心的"代表型政党"。中国共产党领导下的多党合作和政治协商制度，就是"民本秩序"政治。这是一种新型的政党制度，其首先解决了历史上的中国的一盘散沙、国之不国的问题，并且在和"资本秩序"的比较中显示出了强大的制度优势。中国共产党领导下的多党合作和政治协商制度，在政体上坚持民主集中制原则，在公共政策上奉行的是以人民为中心原则，是一种最能实现社会绝大多数人利益的人民民主。民主不是装饰

1949年9月21日晚7点,中华民族迎来了一个伟大时刻。肩负协商创建新中国历史重任的中国人民政治协商会议第一届全体会议在北平中南海怀仁堂隆重开幕。一个旧的时代被历史车轮碾碎,中国共产党团结带领各民主党派和全国各族人民,开启了中国历史的新纪元。

新华社 / 发

品，不是用来做摆设的，而是用来解决人民要解决的问题的。在中国，通过民主协商解决各类问题，例如大规模地提升居民居住水平、脱贫攻坚工程、在落后地区搞大规模基础设施建设、对口建设计划等等，这些都是实实在在的人民民主。

"资本秩序"在许多国家产生系列问题，而中国所走的"民本秩序"保障了以人民为中心的政治理念，避免了"资本秩序"的诸多弊端。

▶ 政治制度的差异：制度整合力

比较政治学研究的一个重要发现是，国家与国家之间的差异，不是体现在政府形式上，而是体现在治理能力上。而国家治理能力的关键是制度整合力，因此治理能力又与政治制度密不可分。

现代国家与古希腊城邦式国家相比，不但在规模上有质的差别，比如中央与地方关系的出现；而且在国家的最主要要素即人口方面也有质的差别，比如同质化民族变为异质化，民族关系成为政治权力的重大挑战。另外，在权力维度上更是古代社会未曾有过的多元化和复杂化，比如从单纯的一个层次的政治演变为国家—社会关系、中央—地方关系、政治—经济关系以及行政—立法—司法关系。如此这般，如何把多层次、多维度的专业化制度有效地组织起来，是对国家能力或治理能力的严峻挑战。

制度整合力的核心就是政体，政体是把一个国家组织起来的根本性制度。目前世界上典型的政体有两种，一种是代议制民主，一种是民主集中制为主要原则的人民代表大会制度。在历史上，以政党竞争为象征的代议制民主有成功的案例，但其成功的前提是社会的同质化条件，即共同的国家认同和政治信念。也有导致政治问题越来越多的失败案例，比如20世纪30年代的德国和很多发展中国家，根本原因就是缺乏同质化社会条件或者同质化条件正在流失而导致政治分裂加剧。

总体上说，代议制民主是需要条件的，二战之后新兴国家150多个，没有哪个后发国家因为实行了代议制民主而走向发达序列。因为非西方国家面临的首要任务是如何把国家组织起来，以党争为核心的代议制民主，往往令后发国家落后的社会制度更加固化。

和很多发展中国家一样，经历西方冲击而出现总体性危机的中国，首先面对的是如何把中国再组织起来的问题。从晚清到民国，许多党派、许多知识分子提供了种类繁多的国家建设方案，最终有效地把破碎的国家重新组织起来的是中国共产党的民主集中制。由"民主基础上的集中，集中指导下的民主"所构成的民主集中制，既是中国历史内生性演化的产物，也是把党和国家领导体制有效地组织起来的政治逻辑。民主集中制既能充分反映广大人民的意愿又有利于形成全体人民的统一意志，既能保证国家机关协调高效运转又有利于集中力量办大事，实现广泛参与和集中领导的统一、社会进步和国家稳定的统一、充满活力和富有效率的统一。这种从历史中而来、在现实中管用的制度，正是中国成功的法宝，其在国家治理的国际比较中优势凸显。民主集中制原则从革命时期的1.0版，到建设时期的2.0版，再到改革开放时期的3.0版，民主与集中之间不断走向平衡，不断完善，已经成为中国国家治理模式的核心要素。

民主集中制不但是理解中国党政关系的根本制度，也是理解各种权力关系的关键。在我国，人民代表大会与"一府一委两院"（政府、监察委、法院、检察院）之间的关系，中央与地方关系，都是按照民主集中制原则运行的。在宪法规定之外的事实性权力关系中，比如政府与市场的关系，是国家导航的市场经济与经济发展，政府和市场的作用相得益彰，是一种事实性民主集中制制度。在国家与社会关系中，社会中间组织的设立既有自由的登记制，又有分类控制，比如政治类、法律类、宗教类和民族类的社团需要审批成立，也体现了民主集中制原则。政权组织形式的民主集中制原则，也体现在政治过程之中，那就是"从群众中来，到群众中去"的群众路线，各级党委在从群众中汲取智慧和意见之后进行决策。民主集中制是理解中国政治的总钥匙，也是理解"中国奇迹"的政治逻辑。民主集中制的制度和原则保证了中国的制度整合力，这与代议制民主所强化的认同政治以及所造成的政治裂痕，形成了鲜明的对比。

成也政治制度，败也政治制度。两大制度类型的不同作用告诉我们，"只有扎根本国土壤、汲取充沛养分的制度，才最可靠、也最管用"，"不能想象突然就搬来一座政治制度上的'飞来峰'"，"照抄照搬他国的政治制度行不通，会水土不服，会画虎不成反类犬，甚至会把国家前途命运葬送掉"。同时，这种不同作用还提示我们须重视政治制度的"决定性作用"。习近平总书记在庆祝全国人民代表大会成立60周年的讲话中指出："一个国家的政治制度决定于这个国家的经济社会基础，同时又反作用于这个国家的经济社会基础，乃至于起到决定性作用。"这个论断指出了国家权力的原理。如果把一个国家比作由若干同心圆构成，从核心到外围依次是政治制度圆、经济制度圆、社会制度圆和历史文化圆，其中最核心的政治制度要素固然要适应作为环境性要素的经济、社会和历史文化，但是最核心的力量怎么可能总是被决定而不起主导作用呢？美国的经济社会制

1954年9月15日至28日，第一届全国人民代表大会第一次会议在中南海怀仁堂隆重召开。一届全国人大一次会议和二届全国人大一次会议均在中南海怀仁堂召开。1959年9月，人民大会堂落成。从1960年二届全国人大二次会议开始，全国人大每次全体会议都在人民大会堂召开。图为一届全国人大代表进入中南海怀仁堂会场。　　　　　　　新华社记者　齐观山／摄

度历经奴隶制的农业资本主义、市场经济的工业资本主义和信息时代的金融资本主义，其政治制度始终没有发生重大变化。相反，那些动辄折腾政治制度的改革却会迅速搞垮一个国家。这就是大历史所告诉我们的政治制度的决定性作用。

▶ 国家治理的差异：政策执行力

观察国家治理能力最直观指标是看一个国家的中央政府是否有决策的权威、是否有将政策变得可执行的权威，以及政策执行者是否有能力去执行权威的决策。因此，权威的政策执行过程事实上包括两个部分：中央权威和有能力的公务员队伍。

权威是制度整合力的一种具体体现。现代民主政治讲的是政治的人民性或民主性，因此一些治理理论中的关键要素就是权威。没有权威，一个国家便不可能正常运转。相较于古代社会，复杂性现代社会更需要权威，有了权威，政府、国家才能正常存续。"民治"是农业社会的神话，如果"民治"都能管用，就不需要政府了，而政府的存在本身，就是代表了让人又恨又爱的权威的存在。因此，政治的人民性（民主性）首先不能排斥政治的权威性。权威性直接表现在领导人的决策力上。

权威的决策都能得到执行吗？答案是不乐观的。很多国家并非没有战略目标，但就是得不到执行。在很多发展中国家，国家建设中的一个普遍的制度短板就是从中央到地方都缺少训练有素的、怀有职业精神的公务员队伍。发展中国家在所谓的"民主化"转型之后，民主政治似乎很发达，但行政能力却很落后。民主是用来产生权力并分配利益的，比如立法，但立法之后需要人去执行。关键在于，发展中国家的行政体制建制晚于民主制度，而民主选举进一步强化了既有的古老的社会结构，未经改造的社会势力在选举中通过恩主庇护政治而变得更加强大，结果便是脆弱的执行机构面对着强大的民意机构和社会势力的双重压力。这就是结构性的执行能力危机。

与上述情况形成对比，中国最早发明了将国家组织起来的官僚制，比如先秦就开始有的郡县制、军功制、选拔制和官僚制以及管仲管理国家的政治经济学，可以说，组织国家和管理国家的能力几乎是与生俱来的。这种体制和能力后来被赋予民本思想，形成了以"厚生"为本的政府主导的管理体制，历经2000多年而不曾中断，形成了一种强大的文明基因。中国共产党将这种以民为本的管理体制植入"为人民服务"的群众路线，使得民本思想有了落地的制度机制，从而为新型的公务员队伍注入了全面责任的政府管理思想，使得有着古老文明基因的中国政府完全不同于西方科层制所谓的"非人格化"特征。可以说，中国公务员队伍的素质与能力在世界上堪与任何国家的公务员媲美。

从这个角度看政策执行力，我们才能理解"中国奇迹"中看不见的精神文化要素的作用，而这些并不是经济学的"理性人"假设所能理解的。忽视了各级公务员的本着民本思想的工作乃至忘我奉献，就不能真正理解新中国成立70年来的巨大成就。

当然，中国人不能因此而妄自尊大，毕竟我们还有一些体制上的弊端需要在固本革新中去克服；但中国人更不能妄自菲薄，对自身的制度优势、政治优势不自信，而幻想一个迥异于自己文明基因的"飞来峰"。以为"飞来峰"上有花果山，其实到处是悬崖峭壁。国家治理最忌讳的是逐梦乌托邦，最实际、最有效的途径是在现实中解决不断产生的难题。相较于有些国家的"治理赤字"，在以人民为中心的政治秩序下，中国表现出色的制度整合力和国家治理中优秀的政策执行力，将让世人持续见证中国的政治稳定和制度优势。

当我们谈论"民主"时，在谈些什么？

■ 陈融雪

陈融雪 新华社《瞭望东方周刊》时政新闻中心副主任、北京市委讲师团特聘专家。长期深耕时政领域，出版著述《执政党与世界对话》《走近中央宣讲团》《中央党校学习进行时》等。2017年，参与中宣部组织的《法治中国》大型政论专题片的撰写。

内容摘要：真正的民主必须能够解决人民需要解决的问题。中国特色社会主义民主是个新事物，也是个好事物。在做好党内民主的"内功"之外，中国共产党还以协商民主寻求全社会最大公约数。人民拥护不拥护、赞成不赞成、高兴不高兴、答应不答应，是衡量一切工作得失的根本标准。用这个标准考量"民主"，则可推论出真的民主必能让人民有更多获得感。在中国共产党的领导下，人民不仅仅是在投票时才享有民主，而是广泛有序地参与民主政治实践全过程；不仅仅是在政治领域实现民主，更是将民主延伸到社会各个领域。

"民主不是装饰品，不是用来做摆设的。""在西方政治家看来，'民主'就是人们在投票箱投票，是人们选出代表发表演说，是在大礼堂进行选举。但是，仅凭借这些还无法让民主从天而降。"英国历史学家尼尔·弗格森在《大退化：制度如何衰败以及经济如何衰亡》一书中的论述折射出西方社会的反思。一个值得深思的现象是：当西方某发达国家耗时8年修路只完成4.8公里的时候，中国的高铁总里程在11年里突破3万公里，跃居世界第一。为什么这般便民利民的工程，在西方"民主"国家难以落地，中国却能协调好各方面力量和意志，实现最广泛人民的根本利益？

中国共产党以70年的治国理政实践，展开自己的答卷：真正的民主必须能够解决人民要解决的问题。

▶ 首要问题：谁能代表人民？

只要谈及民主，"谁能代表人民"就是不能回避、首要回答的真问题。如果打着"民主"的幌子，投机取媚于部分选民，这样的执政者必然患得患失、顾虑重重。

世界上没有完全相同的政治制度模式，一个国家实行什么样的政治制度，走什么样的政治发展道路，必须与这个国家的国情和性质相适应。新中国成立以来特别是改革开放以来，我们党团结带领人民在发展社会主义民主政治方面取得了重大进展，成功开辟和坚持了中国特色社会主义政治发展道路，为实现最广泛的人民民主确立了正确方向。中国特色社会主义政治发展道路，是近代以来中国人民长期奋斗历史逻辑、理论逻辑、实践逻辑的必然结果，是坚持党的本质属性、践行党的根本宗旨的必然要求。《中国共产党章程》开宗明义地指出，"中国共产党是中国工人阶级的先锋队，同时是中国人民和中华民族的先锋队，是中国特色社会主义事业的领导核心，代表中国先进生产力的发展要求，代表中国先进文化的前进方向，代表中国最广大人民的根本

图解：人民代表大会制度

中华人民共和国的一切权力属于人民。人民行使国家权力的机关是全国人民代表大会和地方各级人民代表大会。

全国人民代表大会

全国人民代表大会是最高国家权力机关

主要职权
- 修改宪法
- 监督宪法的实施
- 制定和修改刑事、民事、国家机构的和其他的基本法律
- 选举、决定、罢免国家机构组成人员
- 决定国家的重大事项
- 监督国家机关

组成
- 由省、自治区、直辖市、特别行政区和军队选出的代表组成
- 各少数民族都应当有适当名额的代表
- 代表名额不超过三千人
- 代表每届任期五年
- 设立民族委员会、宪法和法律委员会、财政经济委员会、教育科学文化卫生委员会、外事委员会、华侨委员会和其他需要设立的专门委员会

地方各级人民代表大会

- 地方各级人民代表大会是地方国家权力机关
- 县级以上的地方各级人民代表大会设立常务委员会
- 省、直辖市、设区的市的人民代表大会代表由下一级的人民代表大会选举
- 县、不设区的市、市辖区、乡、民族乡、镇的人民代表大会代表由选民直接选举
- 每届任期五年

人民代表大会制度是我国的根本政治制度，是坚持党的领导、人民当家作主、依法治国有机统一的根本制度安排。

纪翊/制图

人民代表大会制度是我国的根本政治制度，是坚持党的领导、人民当家作主、依法治国有机统一的根本制度安排。

纪　翊/制图

利益"，并明确提出"全心全意为人民服务""在任何时候都把群众利益放在第一位"。

▶ 为了谁、依靠谁、我是谁？中国共产党始终不忘初心

人民当家作主是社会主义民主政治的本质和核心。习近平总书记指出："发展社会主义民主政治就是要体现人民意志、保障人民权益、激发人民创造活力，用制度体系保证人民当家作主。"人民民主是社会主义的生命。党的十九大报告中，"人民"一词出现了203次。报告强调指出，"全党同志一定要永远与人民同呼吸、共命运、心连心，永远把人民对美好生活的向往作为奋斗目标"。

▶ 苦练"内功"：健全党内民主

如何跳出执政者"兴勃亡忽"的"历史周期律"？毛泽东早在1945年的延安窑洞里就指明路径：民主。党的十八大报告再次重申："党内民主是党的生命。"

党的十八大以来，党内民主更加广泛。《关于新形势下党内政治生活的若干准则》进一步规定，中央委员会、中央政治局、中央政治局常务委员会和党的各级委员会作出重大决策部署，必须广泛听取各方面意见和建议，凝聚智慧和力量，做到科学决策、民主决策、依法决策；必须尊重党员主体地位、保障党员民主权利，落实党员知情权、参与权、选举权、监督权，坚持党内民主平等的同志关系，党内一律称同志；畅通党员参与讨论党内事务的途径、健全党内重大决策论证评估和征求意见等制度、规范党员负责任地检举揭发的范围与程序……

无论是落实"八项规定"、纠正"四风"，还是开展群众路线教育实践活动、"三严三实"专题教育、"两学一做"学习教育、"不忘初心、牢记使命"主题教育，党的每一项活动都和加强党内民主相织相融、互为

促进。

打铁必须自身硬。长期执政的中国共产党要实现自我净化、自我完善、自我革新、自我提高，必须永葆执政党的先进性和纯洁性。

▶ 外修"生态"：协商最大公约数

中国特色社会主义民主是个新事物，也是个好事物。在做好党内民主的"内功"之外，中国共产党还以协商寻求全社会最大公约数，以实现人民民主的良好"生态"。

"民惟邦本""君子参政"。回顾70年前，中国共产党为何能打赢与蒋介石的人才争夺战？一边是蒋介石高官厚禄加飞机接送的"抢救大陆学人计划"，一边是中国共产党在"五一口号"中疾呼各民主党派、各人民团体、各社会贤达迅速召开政治协商会议，讨论并实现召集人民代表大会，成立民主联合政府。无数仁人志士坚定地选择了中国共产党的政治主张。

习近平总书记指出，"有事好商量，众人的事情由众人商量，是人民民主的真谛"。在中国特色社会主义制度下，协商民主是实现党的领导的重要方式，是我国社会主义民主政治的特有形式和独特优势。

党的十八大以来，协商民主广泛、多层、制度化发展，并在党的历史上首次系统规划了政党协商、人大协商、政府协商、政协协商、人民团体协商、基层协商以及社会组织协商7种主要协商渠道，将协商民主全面嵌入党和国家治理的重大决策过程和日常治理过程。

在7种主要协商渠道中，政党协商备受关注。事实上，为充分发挥参政党的作用，中共中央每年至少召开4次党外人士座谈会，由中共中央总书记主持协商。扶贫攻坚、教改医改、"一带一路"和"长江经济带"建设等重大国策，都饱含他们的成果和贡献。

在政协协商方面，需要特别指出的是，于2013年重启的"双周协商座谈会"肇始于1950年。此番重启被政治观察者解读为中共积极推进"协商民主"的重要信号，对中国特色社会主义民主政治建构的意义不可小觑。

▶ 真的民主，让人民有获得感

人民拥护不拥护、赞成不赞成、高兴不高兴、答应不答应，是衡量一切工作得失的根本标准。把这个标准放诸民主建设，则可推论出真的民主必能让人民有更多获得感。

公允地讲，这绝非易事。

以扶贫为例。70年来，在中国共产党的领导下，农村贫困发生率从97.5%降至1.7%，7亿多贫困人口摆脱绝对贫困，被世界银行前行长金墉称为"人类历史上最伟大的事件之一"。即便这一件"最伟大的事件"，在实践中亦曾有过"两张皮"现象：花了很大的精力去发动群众"扶贫攻坚"，还是有群众不甚满意。

如何破解？中国共产党以满腔赤诚，"摸着石头过河"，创造出"参与式扶贫"：通过村民大会、"两议一监督"，从群众中来，到群众中去，做群众最盼望最急需做的事。扶贫，"扶"出了基层民主新机制。

正是在人民民主的生动实践中，人民依法享有和行使民主权利的内容

随着脱贫攻坚工作的深入推进，原本"千重山，万层岭，不通水，不通电"的广西大石山区发生了翻天覆地的变化。右图为广西大化瑶族自治县板升乡弄勇村弄顶屯的孩子们在陡峭的小道上扛着生活用具去学校（2012年9月3日摄），左图为已从学校修通到家门口的水泥路（2017年1月11日摄）。

新华社记者　黄孝邦/摄

更加丰富、渠道更加便捷、形式更加多样。在很多地方，市委书记、县委书记通过微信群直接了解民情民意。譬如，居民反映路上少了个井盖，三个小时后问题井盖就盖上了。更多地方开始推行网格化治理，以党建带动居民探索社区自治，许多问题在基层得以化解。

总之，涉及全国各族人民利益的事情，在全体人民和全社会中广泛商量；涉及一个地方人民群众利益的事情，在这个地方的人民群众中广泛商量；涉及一部分群众利益、特定群众利益的事情，在这部分群众中广泛商量；涉及基层群众的事情，在基层群众中广泛商量。

在执政党中国共产党的领导下，中国人民不仅仅是在投票时才享有民主，而是广泛有序地参与民主政治实践全过程；不仅仅是在政治领域实现民主，更是将民主延伸到社会各个领域。

这是一场前所未有、波澜壮阔的伟大探索。

放眼世界，当前正处于百年未有之大变局，中国特色社会主义民主可望为破解全球"治理赤字"贡献中国智慧和中国方案。历史和现实都告诉我们，对于有着5000多年文明史、近14亿人口的中国而言，要实现真正的民主只能依靠中国共产党的领导。一路走来，中国共产党不负人民重托、无愧历史选择，中国特色社会主义民主必将稳步发展、稳健前行。

"中国奇迹"背后的政治动因

■ 弘 文

内容摘要：离开了"政治"的维度，是看不懂"中国奇迹"的。相比于实施西方"民主政体"的国家，中国特色社会主义所体现的制度和体制优势越来越明显，实行的是一种涵盖绝大多数人并为绝大多数人谋幸福的"民主样态"。中国之所以能够取得历史性发展成就，根本原因还是在于长期执政的中国共产党人致力于伟大的社会革命，从社会制度、政治体制、思想文化等进行深刻变革。历史已经证明，也必将继续证明，中国发展奇迹背后的"政治动因"，就在于中国特色社会主义的道路，在于"中国共产党领导是中国特色社会主义最本质的特征"所彰显的政治优势。

俗话说"当局者迷，旁观者清"，可是套用在解读"中国奇迹"上，却不能不说有些反转：对于当今中国在经济社会等各方面取得的发展成就，究竟用哪种理论来解释呢？主张政治民主化、经济自由化的西方新自由主义者们屡屡解读失误，自诩"现代社会科学范式缔造者"的西方人在"中国奇迹"面前深感困惑，这是不争的事实。苏东剧变后提出"历史终结论"的著名学者福山在事实面前被迫修正其观点，并且坦陈"有关人类未来的重大理论领域应该给中国人预留足够的空间"。

新中国成立70年以来的历史性成就，特别是改革开放以来我国经济体制逐渐走上了社会主义市场经济的轨道，对外开放的步伐不断扩大，深度参与到经济全球化之中，中国的政治制度和体制不仅没有像某些西方政客设想的那样会随之"自由化""民主化"，反而在实践中不断得到完善和巩固，以人民代表大会制度为根本支撑的中国特色社会主义政治发展道路越走越宽广。

▶ 深植国情的政治引领

观察100多年来中国巨大历史变迁中的基础性乃至决定性因素，观察成就70年"中国奇迹"的背后动因，政治的视角无疑是一个重要维度。

马克思说，革命是历史的火车头。中国共产党的横空出世，是开天辟地的大事件，已经深刻改变了人类的历史进程。中国之所以能够取得历史性发展成就，根本原因还是在于长期执政的中国共产党人致力于伟大的社会革命，从社会制度、政治体制、思想文化等进行深刻变革，从而为生产力的发展和人的自由全面发展开辟了广阔道路，创设了必要的政治前提。

试想一下，如果没有从"以阶级斗争为纲"到"以经济建设为中心"的党和国家中心工作的根本转移，没有党和国家政治生活中的拨乱反正，没有全党上下"解放思想、实事求是"思想路线的重新确立，没有"一个中心，两个基本点"这一党的基本路线的形成，没有"三步走"战略以及习近平新时代中国特色社会主义思想的指引，没有一个又一个"五年规划"的实施，怎么会有经济社会诸领域的大变革、大发展呢？！

没有共产党，就没有新中国。党的领导是中国特色社会主义最本质的特征，也是中国特色社会主义制度最大的优势，党是最高政治领导力量，这是改革开放40多年来中国取得的历史性成就的根本保证。在社会主义中国，"党的领导"作为各项事业发展的核心力量毋庸置疑。这一条体现在党的基本路线的四项基本原则中，"坚持党的领导"也是最重要、最根本的。在中国特色社会主义民主政治发展道路中，"党的领导"相对于"依法治国""人民当家作主"，是作为"根本保证"而存在和发挥作用的。

新中国成立以来特别是改革开放以来，随着中国打开国门步入世界经济大潮，用短短几十年时间迅速取得了西方国家一两百年才获得的发展成就，西方一些人开始关注中国经济现象，探究其背后的政治动因。但中国在社会制度、政治体制和领导体制上均与西方有很大不同，绝不能用非黑即白、非此即彼的观点看待。中国是共产党领导下的社会主义国家，相比于实施"民主政体"的西方国家，制度和体制优势越来越明显，实行的是一种涵盖绝大多数人并为绝大多数人谋幸福的更高形态的"民主"，与狭隘的"西式民主"不在一个维度上。

中国共产党是领导我们事业的核心力量,党就是国家政治、经济和社会生活中的"权威"。其实,纵观中国漫长的历史演进史,拥有强大资源汇聚和动员能力的中央政府,历来是中国国家保持统一、经济社会高效运转的政治行政中枢。

▶ 中国特色的民主实践

"民主"虽然是一个源自西方文化传统的概念,但它并不专属于西方世界,而是全人类通过丰富多彩的实践共同诠释的结果。世界上根本不存在"普世"的"民主",不管是"民主"的定义还是"民主"的模式。"鞋子好不好,根本上取决于适不适合自己的脚。"相比于实施西方"民主政体"的国家,中国特色社会主义道路及其制度体系,是植根于中国实践、反映人民意愿、通向美好生活的最好选择。

从百年前的五四新文化运动把"民主与科学"写在它的旗帜上,到党的十九大再次郑重地把"民主"确立为党领导人民建设社会主义现代化强国的宏伟目标和不懈追求,一代又一代中国共产党人从来没有忘记、背离"初心",即为人民当家作主而努力奋斗,把"民主"这个时代潮流与中国的实际国情紧密结合,建设世界上"最广泛、最真实、最管用的民主"。

中国人历来讲究"有事好商量",众人的事情由众人商量着办。自古以来,在中国这样一个幅员辽阔、民族众多的国度,如何广泛吸纳各种政治力量,更好地聚合社会各阶层的智慧和力量,共同服务于国家和社会治理,始终是一个大课题。新中国成立后,中国人民政治协商会议的胜利召开,确定了执政党与参政党"长期共存、互相监督、肝胆相照、荣辱与共"的"多党合作"关系,具有浓郁中国特色的"协商民主"随着社会主义民主政治实践的展开而逐步得以完善。实践证明,这种旨在协调政党之间、阶层之间各种利益关系的制度安排,能够在保持国家统一和社会稳定的前提下,为社会各界、各阶层的意愿表达和利益实现,创设了一个共同认可的制度平台。中国特色的"协商民主",有效规避了西方多党"轮流执政"的弊病,也根本不同于所谓的"一党专政"。

西方选举中推行"一人一票"的"普选制",表面上看极为公正,一个也没有少,似乎真正反映了民意,为选举政治带来了"合法性",其实并非如此。在多党政治的轨道上,各党派利益立场各异,价值取向有时相互冲突,为了各自利益,每每使出浑身解数,相互攻击,致使民众分立、社会撕裂、政治极化,"民主选举"往往成为少数有钱有权人的"纸牌屋"和"跑马场"。西方"三权分立"和"议会民主"制,由于深受多党政制的掣肘,程序繁杂、议而不决、效率低下,才是真正的"形式多于内容、程序高于结果、当下胜过未来"。

多民族的国家如何维护和实现大一统的局面?中华人民共和国成立伊始就实行的民族区域自治制度,是中国共产党将自身初心和使命外化为对待民族关系的逻辑必然,也是对历史上历代王朝实现民族团结优良传统的

中华民族一家亲,同心共筑中国梦,这是全体中华儿女的共同心愿,也是全国各族人民的共同目标。实现这个心愿和目标,离不开全国各族人民大团结的力量。图为2018年12月31日,千余名群众齐聚乌鲁木齐天山大峡谷,同唱《我和我的祖国》,表达对祖国的挚爱。

新疆维吾尔自治区党委宣传部 / 供图

真正继承和弘扬，在实践中具有强大生命力和发展前途。"一国两制"也是中国政治制度的一项伟大创举，邓小平同志提出的"一个国家，两种制度"构想率先在香港、澳门落地，其所蕴含和代表的丰富理论内涵和深远历史意义，不仅仅局限于中国，即使对于破解和探索国家治理困局的其他国家和地区也具有借鉴意义。

▶ 百年变局下的中国共赢哲学

当前，人类社会正处于"百年未有之大变局"，"世界向何处去，人类的前途在哪里"等"时代之问"摆在世人面前。世人关注"中国奇迹"，也是为了寻求一种启发和答案。

要理解社会主义中国的发展奇迹，用西方资本主义那一套理念和原则显然已经行不通，必须确立与社会主义国家的根本利益立场和价值原则相适应的新型国家观。

"中国奇迹"的出现不是偶然的，很重要的一条就在于中国在致力于发展自己的同时没有忘记关联方的合理关切和核心利益，不是"零和博弈"，而是始终奉行平等相处、共同发展的共赢哲学。

近年来，学术界有人用"文明型国家"来概括和定位当前中国和平发展的历史性现象，应该说是一种富有历史感和时代感的深邃视角。而所谓"文明型国家"的实质，比较于西方资本主义，正在于它的"以人民为中心"。一切为了人民、一切依靠人民，有了人民群众作为后盾和依靠，执政者就有了可以凭借的战无不胜的强大力量，也就不会为短期利益所左右，能够正确地处理本国与他国、现实与长远、和平与战争等的辩证关系。

中华民族伟大复兴的战略全局与世界和平与发展的历史大势是根本一致的。秉持"以人民为中心"发展思想的国度，始终把人民对美好生活的向往放在第一位，必然是世界和平的坚定维护者，也必然是人类共同发展的有力推动者。

中国将以更负责的精神、更开放包容的胸襟、更高质量的增长,在实现自身发展的同时,为世界各国共同繁荣作出更大贡献。图为2018年10月22日,在安提瓜和巴布达首都圣约翰,当地小朋友身穿传统服装欢迎中国海军和平方舟医院船首次到访。　　新华社发　江　山／摄

历史已经证明,也必将继续证明,中国发展奇迹背后的根本"政治动因",就在于中国特色社会主义的道路,在于"中国共产党领导是中国特色社会主义最本质的特征"所彰显的政治优势。

扫一扫:理上网来

理论旗帜微博

"中国之治"的政治保证

■ 陈 彤

内容摘要：只有促进生产力发展和人民幸福的民主才是真正的民主。中国特色社会主义政治发展道路来自中国共产党要让人民当家作主的矢志不渝的奋斗目标，是中国共产党带领中国人民进行的伟大创造，为人类的政治文明进步贡献了中国智慧和中国方案。新中国成立以来，特别是改革开放以来，我们党团结带领人民在发展社会主义民主政治方面取得了重大进展，成功开辟和坚持了中国特色社会主义政治发展道路，为实现最广泛的人民民主确立了正确方向。这条道路是"中国之治"完胜"西方之乱"的生动呈现，也是中国人民长期奋斗实践逻辑的必然结果，更是符合中国国情、保证人民当家作主的正确道路。

1945年，民主人士黄炎培在延安同毛泽东主席谈话的时候说，希望中共能找到一条路，跳出历史上朝代"其兴也勃焉，其亡也忽焉"的周期律的支配。毛泽东回答："我们已经找到新路，我们能跳出这周期律。这条新路，就是民主。只有让人民来监督政府，政府才不敢松懈。只有人人起来负责，才不会人亡政息。"这条民主的新路，经新中国成立以来特别是改革开放以来的不断探索实践，已经发展成为一条独特的中国特色社会主义政治发展道路。

▶ 中国特色社会主义政治发展道路的初心和本色

这条民主道路，来自哪里呢？它来自中国共产党要让人民当家作主的矢志不渝的奋斗目标。近代以来，中国积贫积弱，中国人民也曾经试图借推行西方政治制度模式来实现民族复兴，例如晚清时期的君主立宪制，辛亥革命后的多党制、内阁制、总统制的尝试等，但是都没有能够解决当时面临的时代课题。中国共产党自成立以来，以实现人民当家作主为己任，把马克思主义基本原理同中国实际相结合，带领人民进行了新民主主义革命，确立了社会主义基本制度，实现了中国从几千年封建专制向人民民主的伟大飞跃，成功开辟的中国特色社会主义民主政治发展道路，使世界上人口最多的国家实现了最广泛的人民民主。这条民主道路与中国人民的幸福、中华民族的复兴紧密相连，是近百年中国历史的基本脉络，是中国共产党人初心和使命的生动演绎，是中国人民长期奋斗历史逻辑的必然结果。

这条民主道路，新在哪里呢？它是中国共产党带领中国人民进行的伟大创造，为人类的政治文明进步贡献了中国智慧和中国方案。只有促进生产力发展和人民幸福的民主才是真正的民主。西方民主制度是人类政治文明探索过程中的重大成果，但它存在的结构性矛盾和历史局限性也是显而易见的。事实上，实现民主的形式和路径是多样的，没有定于一尊的模式，历史发展没有也不可能终结于资本主义。一个国家选择什么样的政治发展道路，是由这个国家的历史传承、文化传统、经济社会发展水平决定的，一定是长期发展、渐进演进、内生性演化的结果。中国特色社会主义政治发展道路，有利于提高社会主义社会生产力水平，符合最广大人民的根本利益，是马克思主义中国化理论成果的生动演绎，是中国人民长期奋斗理论逻辑的必然结果。

这条民主道路，好在哪里呢？实践证明，它好在坚持党的领导，可以发挥党总揽全局、协调各方的领导核心作用，从而有效避免西方多党制互相倾轧、沦为"否决政治"的现象；好在坚持"国家一切权力属于人民"，每一个群体的声音和意愿都可以得到传达和回应，过程民主与结果民主相统一、形式民主与实质民主相统一，可以有效避免政权只代表少数群体利益的情况；好在坚持中国共产党领导下的多党合作和政治协商制度，大家为着共同目标而奋斗，既亲密合作又互相监督，可以有效避免囿于党派利益、阶级利益、地域利益和集团利益施政导致社会撕裂的弊端；好在坚持民族区域自治制度，各民族像石榴籽一样紧紧抱在一起，可以有效避免民族隔阂、民族冲突；好在坚持基层群众自治制度，保障人民知情权、参与权、表达权、监督权，人民依法直接行使民主权利，防止西式民主中民众形式上有权、实际上无权的现象；好在坚持和完善民主集中制，国家机构协调高效，形成治国理政的强大合力，防止出现相互掣肘、内耗严重的现象。中国特色社会主义政治发展道路，是"中国之治"完胜"西方之乱"的生动呈现，也是中国人民长期奋斗实践逻辑的必然结果。

▶ 建设世界上"最广泛、最真实、最管用的民主"

新中国成立以来，特别是改革开放以来，中国共产党团结带领人民在发展社会主义民主政治方面取得了重大进展，成功开辟和坚持了中国特色社会主义政治发展道路，为实现最广泛的人民民主确立了正确方向。

人民代表大会制度：人民当家作主的根本制度保证。走中国特色社会主义道路，必须坚持党的领导、人民当家作主、依法治国有机统一。人民代表大会制度是坚持三者统一的根本政治制度安排，在中国特色社会主义伟大实践中与时俱进、不断完善。1949年9月，中国人民政治协商会议第

新中国成立后的第一次全国人民代表大会于1954年9月15日在北京中南海怀仁堂隆重开幕。图为第一次全国人民代表大会会场（资料照片）。
新华社／发

一届全体会议召开，代行全国人民代表大会职权。1953年，我国进行了第一次普选，全国自下而上逐级召开了人民代表大会。1954年，一届全国人大一次会议在北京举行，会议通过了《中华人民共和国宪法》。改革开放以来，人民代表大会制度得到不断完善，人大及其常委会代表人民有效行使立法权、监督权、重大事项决定权、人事任免权。

党领导的多党合作和政治协商制度：协商民主赢得天下归心。协商民主是我国社会主义民主政治中特有的民主形式。党的十八大强调，"社会主义协商民主是我国人民民主的重要形式"，要推进协商民主广泛、多层、制度化发展。政党协商、政协协商是协商民主的重要内容。1949年中国人民政治协商会议召开，中国共产党领导的多党合作和政治协商制度正式确立，从此，中国共产党与各民主党派长期共存、互相监督、肝胆相照、荣辱与共。1989年通过的《中共中央关于坚持和完善中国共产党领导的多党合作和政治协商制度的意见》，标志着中国共产党领导的多党合作和政治协商制度进入新的发展阶段。进入21世纪后，协商民主制度建设更加完整完善，统筹推进政党协商、人大协商、政府协商、政协协商、人民团体协商、基层协商以及社会组织协商，扩大人民有序的政治参与，更好实现了人民当家作主的权利。

爱国统一战线：党的事业取得胜利的重要法宝。统一战线是中国共产党凝聚人心、汇聚力量的政治优势和战略方针。在长期的革命、建设、改革过程中，中国共产党先后领导建立民主联合战线、工农民主统一战线、抗日民族统一战线、人民民主统一战线、爱国统一战线，团结一切可以团结的力量，调动一切可以调动的积极因素，为党和人民事业发展凝聚了强大智慧和力量。2015年出台的《中国共产党统一战线工作条例（试行）》，标志统战工作的规范化制度化科学化水平达到新高度。目前，已经结成由中国共产党领导的，有各民主党派和各人民团体参加的，包括全体社会主义劳动者、社会主义事业的建设者、拥护社会主义的爱国者、拥护祖国统一和致力于中华民族伟大复兴的爱国者的广泛的爱国统一战线。这个爱国统一战线高举爱国主义、社会主义旗帜，谋求最大公约数，画出最大同心圆，有力促进政党关系、民族关系、宗教关系、阶层关系、海内外同胞关系和谐。

民族区域自治制度：多民族和谐相处的必由之路。民族区域自治制度是中国特色解决民族问题的正确道路的重要内容和制度保障。1949年通过的《中国人民政治协商会议共同纲领》正式将民族区域自治作为一项基本政治制度确定下来。1984年六届人大二次会议通过的《中华人民共和国民族区域自治法》，标志着我国民族区域自治制度发展到了新的高度。民族区域自治制度在维护国家统一、领土完整，在加强民族平等团结、促进民族地区发展、增强中华民族凝聚力等方面发挥了重要作用。

基层群众自治制度：激发民众创造历史的深厚伟力。基层群众自治制度是我国的一项基本政治制度。新中国建立之初，城市居民委员会这一群众性自治组织就在一些大城市出现了。党的十一届三中全会后，村民委员

2018年3月11日下午，十三届全国人大一次会议第三次全体会议表决通过《中华人民共和国宪法修正案》。

中新社记者　侯　宇 / 摄

会在广大农村逐渐建立发展。自1987年第六届全国人大常委会第二十三次会议上通过《中华人民共和国村民委员会组织法（试行）》，1989年第七届全国人大常委会第十一次会议通过《中华人民共和国城市居民委员会组织法》后，中国农村和城市基层群众自治由点到面，不断拓展深化。同时，建立健全以职工代表大会为基本形式的企事业单位民主管理制度，保障职工参与企事业单位管理和监督的民主权利。

社会主义法治建设：国家长治久安的重要支柱。全面依法治国是国家治理的一场深刻革命。经过40多年的改革开放，以宪法为核心的中国特色社会主义法律体系已经形成。现行宪法于1982年颁布实施，此后5次对宪法的个别条款和内容作出修正。最新的一次修正是2018年3月，十三届人大一次会议通过并公布实施《中华人民共和国宪法修正案》，体现我国宪法随着党领导人民建设中国特色社会主义实践的发展而不断完善发展。多年来，以宪法为核心，由法律、行政法规、地方性法规等多个层次的法律规范构成的中国特色社会主义法律体系，已经形成并不断完善。党的十八届四中全会通过的《中共中央关于全面推进依法治国若干重大问题的决定》，是指导新形势下全面依法治国的纲领性文件。

走中国特色社会主义政治发展道路，必须始终保持政治定力。70年来，党带领中国人民进行了伟大的政治实践，创造了世界上独一无二的政治制度，取得了丰硕的理论成果和实践成果，开辟并坚持了一条具有本国特色的民主政治发展道路。这条道路，正如习近平总书记指出的，是"符合中国国情、保证人民当家作主的正确道路"。这一点，历史已经证明，并将继续证明下去。

扫一扫：理上网来

中国稳健前行专题

中国稳健前行

文 化

- 厚植文化自信　增强战略定力
- 中国特色社会主义理论体系的思想力量
- 高度文化自信为发展校准航向
- 当代中国发展的文化优势

厚植文化自信
增强战略定力

■ 陈先达

陈先达 马克思主义哲学家,中国人民大学荣誉一级教授、博士生导师,教育部社会科学委员会委员。出版著述《陈先达文集》《文化自信中的传统与当代》《马克思主义和中国传统文化》《伟大的马克思》《马克思与信仰》《马克思主义十五讲》《哲学与人生》《历史唯物主义与中国道路》《学点哲学》《中国百年变革的重大问题》等。著作及论文曾获中宣部"五个一"工程奖、教育部优秀著作奖、吴玉章著作奖等多种奖项。

内容摘要：一个国家和民族的自信本质上来源于文化自信。在当前外部环境复杂、风险挑战严峻、不稳定不确定因素增加的情况下，强调文化自信特别重要。面对世界局势，面对我国改革开放进入攻坚期和深水区所不可避免会遇到的困难和阻力，我们会深刻体会到文化自信的重要意义。文化自信不是哪一部分人的问题，其意义也不限于文化，而是关乎国运兴衰和民族未来的时代课题。

▶ 文化自信的依据何在？

我们的文化自信不仅有历史根据，而且有现实依据。可以说，它是历史经验和现实成就的双重结合，既具有历史的连续性，又具有现实的可验证性。

中国共产党的历史和社会主义中国的历史证明，中国共产党和马克思主义是文化自信的中流砥柱。文化自信的根据，既在传统文化之中，又在现实之中，它离不开当代中国社会。近百年的苦难历史证明，如果没有中国共产党，就不可能有重振中华民族和中华文化的有组织的政治力量；没有中国共产党领导的革命，就不可能有新中国，就不可能找到重新树立文化自信的道路。

中国共产党的领导是中国特色社会主义最本质的特征。世界政党史证明，没有一个党像中国共产党这样建党近百年，目标始终如一，朝气蓬勃，坚持自我革命；也没有一个党像中国共产党这样长期处于执政地位，把最高纲领和最低纲领、长远目标和现实目标相统一，逐步朝既定目标前进。领导人可以换代，但中国共产党的领导地位不变；实际政策和措施可以与时俱进，但中国共产党人的理想信念不变。坚持中国共产党领导地位和实现历史使命的坚定性所表现的，是中国政党制度和政治制度的优越性。

这种优越性也为西方一些学者所认可。他们说,"中国制度的一大优势是长远战略。在欧洲,我们每四年有一次选举,有时候,新政府上台会宣布一些举措,到了第二年,一些变革正在缓慢进行,到了第三年,我们要思考下一次选举。到了第四年我们一切都会停止,因为下一次选举来临了,所以我更喜欢中国制度所具有的长远模式"。他们还说,"拥有强有力的执政党是件好事,可以采用长远的模式,而欧洲和美国都太过短期。这就是所谓盎格鲁—撒克逊模式。这是一种短期决策模式,只关注股东利益和短期回报,中国更关注长期回报以及回馈社会,我觉得中国正坚持这一原则"。这个看法,客观地肯定了坚持中国共产党领导地位的优越性。

只要毫不动摇坚持中国共产党领导,坚持马克思主义和习近平新时代中国特色社会主义思想,坚持中国道路和社会主义基本制度,我们就不怕任何狂风巨浪,我们的文化自信力就能经受任何考验。

▶ 对"源自于""熔铸于""植根于"应如何理解?

对文化的研究不能限于文化自身,必然要对文化和文化产生的历史进行研究。这个研究包括它的根源、发展及其现实基础。这就是习近平总书记提到的中国特色社会主义文化"源自于中华民族5000多年文明历史所孕育的中华优秀传统文化","熔铸于党领导人民在革命、建设、改革中创造的革命文化和社会主义先进文化"以及"植根于中国特色社会主义伟大实践"的问题。

不理解"源自于",就不能理解中国特色社会主义文化发展之根。一个没有传统的文化,不知从哪里来的文化,如同水上浮萍,经不起风吹浪打,只能随波逐流。中国特色社会主义文化不是从空地上产生的,废墟上不可能诞生中国特色社会主义文化。它如黄河、长江之水,有源头。它源自中华民族5000多年文明史所孕育的中华优秀传统文化。我们的祖先为我们留下了丰富的文化遗产,包括物质文化和非物质文化。习近平总书记在敦煌研究院考察时指出,"敦煌文化展示了中华民族的文化自信","敦煌是历史上东西方文化交汇的重要枢纽,不同文化在这里汇聚和交融,塑造了独具魅力的敦煌文化"。中华文化不仅博大精深,而且是具有创造力和生命力的。我们的文化历经5000多年发展从未中断,全赖这种创造力。在历史上,历代都有杰出的思想家从不同方面对中华文化积累作出自己的贡献,积土为山、汇流成海。

如果说"源自于"回答了文化何以自信的"历史之问",那"熔铸于"则回答了中华传统文化"向何处去"的问题。我们不仅要懂得中国特色社会主义文化的历史之根,更要懂得中华传统文化在近代百年之变中"向何处去"的问题。中华传统文化向何处去,是决定中华传统文化塞流断源,还是继续向前发展的大问题。中华传统文化不能也没有随着清王朝的没落而塞源断流,不仅因为中华传统文化具有持久的生命力,而且因为中国人民的顽强拼搏精神。中国特色社会主义文化熔铸于中国共产党领导的革命、建设、改革中创造的革命文化和社会主义先进文化之中,这种文化走向既是中华传统文化发展的连续性,又是文化发展中质的变革。不懂得革命文化和社会主义先进文化的创立是中华优秀传统文化在当代的发展,就不懂得中华传统文化与当代的辩证关系。如果中国特色社会主义文化没有能够"熔铸于"中国革命文化和社会主义先进文化之中,中华传统文化就有可能重蹈历史上曾经发生过的文化断流的历史宿命。

"植根于"则是关于推动文化产生、继承、发展的动力和文化的源泉问题。历史证明,人类从事的物质生产活动、政治活动和其他多种实践活动,是文化产生的社会土壤。它提供凝结为文化内容的源泉,而且提供继续推动文化发展的动力。中华传统文化是我们先人处理人与自然、人与社会关系经验的精神升华;而我们的革命文化和社会主义先进文化则是中国近百年革命实践和社会主义建设经验的精神升华。不懂近百年来中国的革命奋斗实践,不懂中国共产党领导的革命和建设历史实践,就难以理解中华优秀传统文化为什么会成为中国特色社会主义文化的源头,就不会理解中国特色社会主义文化何以"熔铸于"中国革命文化和社会主义先进文

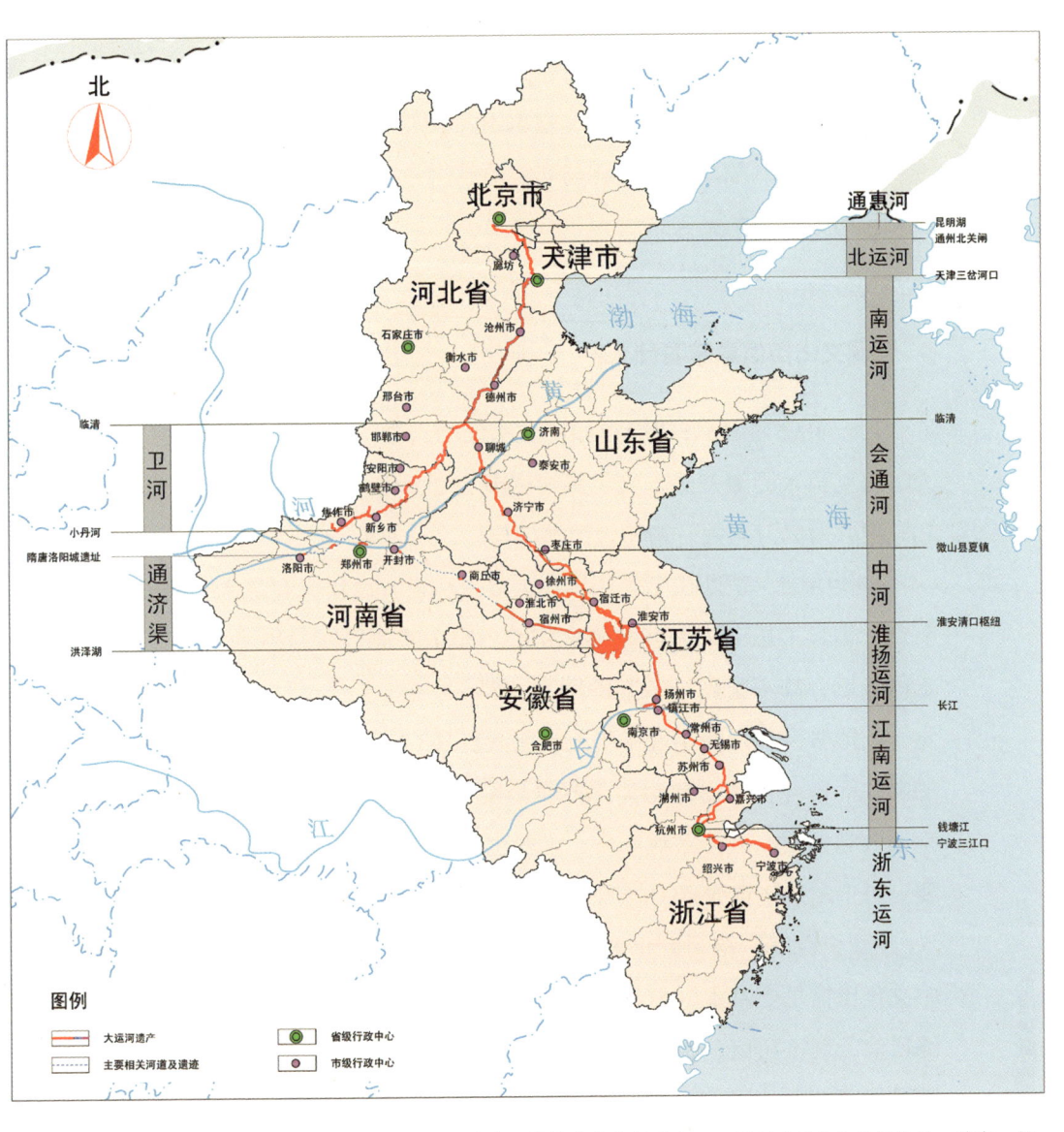

大运河是中华民族最伟大的创造之一，历经千百年的发展演变，其中一部分至今仍在沿线地区经济社会发展和人民生产生活中发挥着重要作用。它的长度、工程量是世界运河之首，在空间上，纵贯海河、黄河、淮河、长江和钱塘江，联结了五大水系。作为一条人工开凿的长河，在时间上，它见证了中华民族几千年的历史，曾为发展南北交通，沟通南北经济、文化和政治统一作出了巨大贡献。图为大运河历史河段分布示意图。

国家文物局／供图

化。而社会主义先进文化则是在社会主义建设中逐步培植起来的。

研究文化自信问题，一定要从理论上弄清中国特色社会主义文化的"源自于""熔铸于"和"植根于"的问题。这样才能弄清中国特色社会主义文化的历史渊源、发展脉络、基本走向以及由实践赋予的精神特质和民族特色。这是从源与流、文化与实践关系中考察中国文化自信的辩证唯物主义和历史唯物主义的方法。

▶ 强调文化自信意味着什么？

习近平总书记说："历史和现实都证明，中华民族有强大的文化创造力。每到重大历史关头，文化都能感国运之变化、立时代之潮头、发时代之先声，为亿万人民、为伟大祖国鼓与呼。"

当代中国，正处在中华民族伟大复兴和世界百年未有之大变局的历史节点。习近平总书记强调"不忘初心、牢记使命"，教导我们"无论我们走得多远，都不能忘记来时的路"，实际上是向全国人民承诺，中国共产党一定能够带领人民实现中华民族伟大复兴的中国梦，为人民对美好生活的向往而奋斗；也是向全体共产党员发出动员令，一定要坚定理想信念，牢记入党誓词，进行自我革命；同时也是向世界宣告，任何外来势力都不要妄想中国共产党放弃中国道路，改变中国基本制度。

"四个自信"是习近平新时代中国特色社会主义思想的重要内容，其中文化自信是更基本、更深沉、更持久的力量。增强文化自信，是坚定道路自信、理论自信、制度自信的题中应有之义。在当前外部环境复杂、风险挑战严峻、不稳定不确定因素增加的情况下，强调文化自信特别重要。因为一个民族的复兴需要强大的物质力量，也需要强大的精神力量。没有人民精神极大丰富，没有民族精神力量不断增强，中华民族伟大复兴就会因为缺乏文化支撑，就会因为理想和信仰的动摇，就会因为思想缺钙而失去信心。对于一个社会主义国家来说，当前最大的危险是来自美国等西方势力用各种极限施压的手段摧毁我们的自信。"咬定青山不放松"，"任尔东西南北风"。面对当前世界局势和我国改革开放进入攻坚期和深水区的客观形势，我们一定会更加深刻地体会到文化自信的重要意义。

当然，文化自信绝不是文化自大，更不是文化上闭关锁国，拒绝文化交流。文明因交流而多彩，文明因互鉴而丰富。中华民族自古就信奉"和而不同"原则，是最能吸收外来文化的。汉唐时如此，现当代更是如此。当中国共产党还偏处陕北小城延安时，毛泽东就以他的世界眼光指出，"中国应该大量吸收外国的进步文化，作为自己文化食粮的原料，这种工作过去还做得很不够"，"各资本主义国家启蒙时代的文化，凡属我们今天用得着的东西，都应该吸收"。改革开放以来，我们更注重文化交流，也更有条件进行文化交流。中国提出的"一带一路"倡议，就不仅是一种经济交往，也是一种文化交往，除了经济价值外，在文化交流上同样具有重大价值。习近平总书记在考察甘肃敦煌时特别强调文化交流的重要性，指出敦煌文化是中华文明同各种文明长期交流融汇的结果，我们要铸就中华文化新辉煌，就要以更加博大的胸怀，更加广泛地开展同各国的文化交流，更加积极主动地学习借鉴世界一切优秀文明成果。

▶ 如何看待马克思主义和中国传统文化的关系？

20世纪初，马克思主义的传入，改变了中国文化的原有结构，并增添了许多新的科学元素。在以马克思主义为指导的中国共产党领导下，中国革命取得胜利，中华民族从此站起来了，重新恢复了中华民族生机勃勃的民族生命力和文化自信心。

就文化而言，马克思主义的传入提供了用科学态度审视中华传统文化，辨别精华与糟粕，正确处理继承与创新、传统与现代化的科学态度，有力反对文化虚无主义、反对"全盘西化"和复古守旧的保守主义，从理论上阐述了中华传统文化的精神特质和可继承性。毛泽东曾提出："我们信奉马克思主义是正确的思想方法，这并不意味着我们忽视中国文化遗产和非马克思主义的外国思想的价值。"党的十八大以来，习近平总书记就

1938年9月29日至11月6日,党的扩大的六届六中全会在延安召开。毛泽东在会上鲜明地提出了"马克思主义中国化"的命题和任务,强调"马克思主义必须和我国的具体特点相结合并通过一定的民族形式才能实现",要"使马克思主义在中国具体化,使之在其每一表现中带着必须有的中国的特性"。图为毛泽东在全会上作报告。　　　　　　　　　　　　　　　新华社/供图

如何对待中华传统文化作过一系列重要论述。事实证明,马克思主义在中国的传播和中国化,没有贬低中华传统文化,而是提升了中华传统文化在世界文化中的地位。马克思主义是中华传统文化沿着正确方向发展的导航器和推进器。

尤其重要的是,马克思主义在中国的传播,当它被中国化成为毛泽东思想,成为中国特色社会主义理论时,就不再是所谓"异域文化",而是当代中国文化最重要的内容。中国化的马克思主义,不仅内容上是与中国

实际、与中国历史和文化的结合，而且就语言风格和气魄而言都具有中国文化特色。我们只要读读毛泽东的《实践论》《矛盾论》《关于正确处理人民内部矛盾的问题》，读读习近平总书记系列重要讲话中的引经据典所显示的中国风格，就能明白它既是马克思主义的，又是中国的。没有马克思主义与中华优秀传统文化的结合，在近代西方殖民文化和帝国主义文化的强势攻击下，中华传统文化很难有文化自信的底气。

不要抽象地争论马克思主义和中华传统文化的关系，尤其是非历史主义地争论马克思主义与儒学的高下优劣。一个是中国革命和社会主义建设的思想理论指导，一个是中华民族的精神血脉和中华民族的文化之根。应该用历史唯物主义观点处理马克思主义与中华传统文化的关系，反对蔑视以儒学为主导的中华传统文化的文化虚无主义，中国的马克思主义可以从中华传统文化的精髓中得到思想资源、智慧和启发，但也要防止以高扬传统文化旗帜为借口，反对马克思主义、完全拒斥借鉴西方文化的保守主义思潮的沉渣泛起。

▶ 为什么说中华优秀传统文化需要创造性转化和创新性发展？

为什么习近平总书记在高度赞扬中华优秀传统文化的同时，强调创造性转化和创新性发展呢？这是一种历史唯物主义的文化观，把文化放在整个社会结构及历史发展中来考察，而不是把文化看成凝固不变的，更不是把它高悬于思辨的太空之中。

文化作为观念形态，总是与特定阶段的经济制度、政治制度处于相互联系之中，构成不可分割的社会整体。当然，作为人类精神活动创造的成果，优秀文化的基本精神可以包括具有超越时代的文化基因和文化价值。因此，中华优秀传统文化仍然会具有两重性，即超越性和时代局限性，这就为创造性转化和创新性发展提供了可能性和必要性。

中华优秀传统文化创造性转化和创新性发展，归纳起来主要有三条：一是分辨，区分精华与糟粕；二是激活，通过与实践结合对传统文化作出与时代相适应的新的诠释；三是创新，接续中华民族文化优秀基因推进社会主义文化建设，提出新概念、新观点。这是一个重大研究课题，而且非一人之力、非一代学者之力所能为之。这应该是如何对待中华优秀传统文化的长期有效的方针。

中华优秀传统文化内容丰富、博大精深，它包含中国哲学智慧、治国理政经验，以及社会生活不同领域的众多思想成果。当然，中华优秀传统文化中道德伦理思想占主导地位，但这种道德伦理特色不应遮蔽中华优秀传统文化在不同领域中丰富多样的色彩。在中华优秀传统文化的创造性转化和创新性发展中，我们应该放开我们的眼界和视角，深入挖掘中华优秀传统文化中丰富多样的文化精华。习近平总书记在考察敦煌时指出，研究和弘扬敦煌文化，既要深入挖掘敦煌文化和历史遗存的哲学思想、人文精神价值观念、道德规范等，更要揭示蕴含其中的中华民族的文化精神、文化胸怀，不断坚定文化自信。

毫无疑问，中国传统道德伦理是中华优秀传统文化中最重要的内容。但在实行社会主义市场经济的条件下，如何处理中国传统道德伦理与市场经济条件下的现实关系是一个重大的理论与现实问题。在当代中国，我们需要创造与社会主义经济制度、政治制度相适应的文化形态，包括道德和价值观，使中华民族最基本的文化基因与当代文化相适应，与新的时代相适应，与社会主义制度相适应，创造出以社会主义核心价值观为主导的新时代中国特色社会主义的先进文化和道德伦理规范。为此必然要经过创造性转化和创新性发展，而这个过程同时就是中华优秀传统文化的创造性转化和创新性发展过程。

应该重视马克思主义在中华优秀传统文化的创造性转化和创新性发展中的理论和方法论指导，重视中国特色社会主义实践对传统文化的激活作用。离开了这个原则，传统文化经典就只是一种文本，是一种历史性存在，难以与新时代相适应。

▎为什么说文化自信归根结底是全民族的事情？

文化自信不是哪一部分人的问题，而是事关国运兴衰、事关文化安全、事关民族精神独立性的大问题。文化兴国运兴，文化强民族强。没有高度的文化自信，没有文化的繁荣兴盛，就没有中华民族伟大复兴。

当然，文化自信首先是中国共产党人的自信。因为在中国，党政军民学，东西南北中，党是领导一切的。以马克思主义武装起来的中国共产党深深植根于我们民族的文化血脉之中。中国共产党汇集了中华民族优秀儿女，有理论、有组织、有纪律，是站在时代前列、引领时代潮流的政治集团，因而成为中华民族和中国人民的领导核心，是文化自信的主体。中国共产党的品格就代表了中华民族不屈不挠、自强不息的民族品格。中国共产党人的文化自信就是凝聚并代表中华民族的文化自信。

文化自信包含与人民同呼吸共命运的知识分子的文化自信。这是由这个群体的专业和职业特点决定的，各个文化专业领域的专家、学者，非物质文化的创造者和传人都能从自己专业领域发现文化自信的历史根源和文化传统，也都能以自己的创造性贡献强化人民的文化自信。改革开放以来，尤其是党的十八大以来，在世界文化学术论坛和文化交流中，中国学者日渐增多，单向输入和接受的时代已经结束。中国学者广泛参与世界文化的交流，就是文化自信的一种表现。

文化自信更是对全体人民说的。全体人民的自信，本质上就是一个民族的文化自信问题。人民是民族的主体，民族是以文化认同为纽带的牢固集合。离开了人民的自信，民族的文化自信就是抽象的；离开了民族的文化自信，所谓人民就会是一盘散沙。

文化是民族的灵魂，人民是文化的主人。没有民族的文化自信，没有人民大众的文化自信，就不会在这个民族文化土壤上培育出杰出的思想家、文学家和文化巨人。习近平总书记强调，仅仅靠少数文化名人，不可能撑起民族自信的大厦。只有全体人民尤其是年轻一代能够普遍树立文化自信，才能使文化自信建立在坚实的基础上。

文化自信大众化非常重要。习近平总书记非常重视传统文化的教育和大众化问题。他说过："对中国人民和中华民族的优秀文化和光荣历史，要加大正面宣传力度，通过学校教育、理论研究、历史研究、影视作品、文学作品等多种方式，加强爱国主义、集体主义、社会主义教育，引导我国人民树立和坚持正确的历史观、民族观、国家观、文化观，增强做中国人的骨气和底气。"

文化的最大力量是"化人"。如果我们的传统文化只停留在经典文献上，只为少数专家和学者所理解，或藏在图书馆而远离我们全体人民的日常生活，就不能发挥文化的作用；如果我们的革命文化和社会主义先进文化只停留在没有实际措施的口号上，同样不能发挥它的重要作用。培育人民的文化自信，我们应该用中华优秀传统文化、革命文化和社会主义先进文化教育我们的人民特别是青少年，提高他们的人文素质，使全体人民成为有文化有教养的现代文明人。

一个强大而爱好和平的中国，一个经济发展而对世界繁荣作出贡献的中国，一个对人类文化多样性作出卓越贡献的中国，对构建人类命运共同体的作用是无可估量的！

中国特色社会主义理论体系的思想力量

■ 陈培永

陈培永 北京大学马克思主义学院副院长、研究员、博士生导师，马克思主义理论研究和建设工程首席专家。在《哲学研究》《马克思主义研究》等省级以上报刊发表学术论文100余篇，出版著述《什么是人民、阶级及其他》《当代中国马克思主义为什么是对的》《中国改革大逻辑》《党性是什么》《〈共产党宣言〉的新时代阐释》《福柯的生命政治学图绘》等，以及《资本的秘密》《共产主义的原貌》等"经典悦读系列丛书"10本。《社会主义"有点潮"》《马克思与新时代》《思政热点面对面》等电视理论节目的主讲嘉宾、主要撰稿人。

内容摘要：没有马克思主义，没有马克思主义的中国化，就没有中国繁荣发展的今天。中国特色社会主义理论体系为什么行？从根本上来说，是因为只有这一理论能够及时科学回答改革开放以来中国的实践之问、时代之问，廓清困扰和束缚实践发展的思想迷雾，指导中国的改革开放沿着正确的方向披荆斩棘、砥砺奋进，不断从胜利走向新的更大胜利。中国特色社会主义理论体系在新的历史条件下很好地将坚持马克思主义和发展马克思主义有机统一起来，不因循守旧、固守传统，紧跟时代的变化不断丰富和发展理论本身，让理论显示出时代的特征，展示出超越时代的穿透力。

新中国成立 70 年，改革开放 40 多年，已经明证，没有马克思主义，没有马克思主义的中国化，就没有中国繁荣发展的今天。在当代中国，坚持中国特色社会主义理论体系，就是坚持马克思主义。马克思主义"行"，在当代中国的根本表现，就是中国特色社会主义理论体系"行"，这是我们今天坚定理论自信、做到"四个自信"的坚实基础。

▶ 立足时代和实践的中国理论

实践是检验真理的唯一标准。中国特色社会主义理论体系为什么行？从根本上来说，是因为只有这一理论而不是其他任何理论，能够及时科学回答改革开放以来中国的实践之问、时代之问，廓清困扰和束缚实践发展的思想迷雾，指导中国的改革开放沿着正确的方向披荆斩棘、砥砺奋进，不断从胜利走向新的更大胜利。

实践性是马克思主义理论的鲜明品格，更是中国特色社会主义理论体系的鲜明品格。中国特色社会主义理论体系，不是严格地基于文本解读和学理推演而生成的，而是在中国改革开放的波澜壮阔的实践中形成和发展起来的，是在深刻回答和解决中国特色社会主义实践提出的重大问题中形成和发展起来的，是在"实践、认识，再实践、再认识"的循环往复中形成和发展起来的科学理论。

中国特色社会主义理论体系是中国共产党人在改革开放的时代背景下，围绕着如何实现中华民族的伟大复兴和建设社会主义现代化强国，如何坚持发展中国特色社会主义制度、实现国家治理体系和治理能力现代化，如何建立完善社会主义市场经济体制、实现经济的持续健康发展，如何全面扩大对外开放、构建人类命运共同体，如何全面从严治党、推进自我革命等一系列重大课题，进行艰辛理论探索、深刻的理论创新形成的科学理论体系，是具有中国特色、立于国际舞台、富含时代气息的马克思主义。

在中国特色社会主义理论体系的科学指导下，中国的改革开放取得了举世瞩目的伟大成就，中华民族迎来了从站起来、富起来到强起来的伟大飞跃，以崭新姿态屹立于世界东方。实践充分证明，中国特色社会主义理论体系是科学的理论、正确的理论、行之有效的理论。

▋▶ 对马克思主义的最好坚持是发展

实际上，马克思、恩格斯的思想一旦发展成一种学说并在全世界传播开来，如何才算是正确地坚持和发展马克思主义的问题就被提了出来。

中国特色社会主义理论体系在新的历史条件下很好地回答和解决了这个问题，形成了明确认识，确立了基本原则，这就是，一要坚持，二要发展，将坚持马克思主义和发展马克思主义有机统一起来，不因循守旧、固守传统，紧跟时代的变化不断丰富和发展理论本身，让理论显示出时代的特征，展示出超越时代的穿透力。

坚持与发展的二重奏，坚持是首要的。邓小平曾语重心长地讲过，马克思主义是我们的"老祖宗"，"老祖宗不能丢"。习近平总书记把其称为

1982年9月1日至11日，党的十二大在北京举行。邓小平在开幕词中指出："把马克思主义的普遍真理同我国的具体实际结合起来，走自己的道路，建设有中国特色的社会主义，这就是我们总结长期历史经验得出的基本结论。"图为邓小平在党的十二大上致开幕词。

新华社记者　钱嗣杰／摄

"真经"："马克思主义就是我们共产党人的'真经'，'真经'没念好，总想着'西天取经'，就要贻误大事！"坚持不是固执，不是僵化，对马克思主义最好的坚持是发展。

中国特色社会主义理论体系坚持用马克思主义观察时代、解读时代、引领时代，不断赋予马克思主义以新的时代内涵，从鲜活丰富的当代中国实践中作出新概括、获得新认识、形成新成果；坚持问题导向，以中国正在做的事情为中心，关注和回答时代和实践提出的重大课题，为解决新时代面临的重大问题提供新理念、新思路、新办法；用宽广视野吸收人类创造的一切优秀文明成果，坚持在改革中守正创新，不断超越自己，在开放中博采众长，不断完善自己；不断深化对共产党执政规律、社会主义建设规律、人类社会发展规律的认识，发展当代中国马克思主义、21世纪马克思主义，谱写新时代中国特色社会主义新篇章。

▶ 富有感召力的战略目标

在中国特色社会主义理论体系中，战略目标体系明确，其中既有近期目标，又有中期目标，还有长期目标。近期目标是全面建成小康社会，中期目标是建成社会主义现代化强国、实现民族复兴中国梦，长期目标是最终实现共产主义。

小康社会全面建成后，接下来的目标是实现社会主义现代化。社会主义现代化有一个追赶目标的问题，即要赶上和超过世界先进水平，其内容不仅涉及工业、农业、国防、科学技术等物质技术层面的现代化，还涉及制度、社会、价值、观念、能力层面的现代化。社会主义现代化强国的实现，正伴随着中华民族伟大复兴中国梦的实现。中国梦不是要基本实现现代化，而是实现高层次、高水平的现代化，它的实现意味着中国成为真正意义上的发达国家。

小康、社会主义现代化和中国梦都是立足中国实际、具有中国特色的阶段性奋斗目标，共产主义则是马克思主义者追求的人类社会的最终目标。中国特色社会主义理论体系在追求民族、国家目标的同时，始终坚持着共产主义的最终目标和远大理想。这个相对完整的目标体系，兼具马克思主义和中华民族传统文化的特质，既立足中国实际又放眼人类社会发展，无疑富有感召力。

▌ 改革只有进行时没有完成时

如果要问在中国特色社会主义理论体系中，最具有标识性意义、最为人所熟知的概念是哪一个，很多人的选择无疑将会是"改革"。改革被认为是当代中国最鲜明的特色，是在新的历史条件下进行的新的伟大革命，是决定当代中国命运的关键一招，是发展中国、发展社会主义、发展马克思主义的强大动力。

改革是一场革命，是中国的第二次革命。简单的一个界定，到现在恐怕还有人不知道到底有何深意。实际上，它讲清楚了革命与改革的关系，强调了改革对革命事业的传承，赋予了改革自身以合法性、合理性、正当性，改革不是对革命的背离，而是对革命事业的重新谋划，它让忠诚于革命事业的人不至于失去目标，将智慧和力量用在改革上。

中国的改革实际上就是政治革命之后的社会革命，是要实现社会的全面变革，实现中国社会从传统向现代化的变革。这场变革的起点是发展生产力，但发展生产力只是一个方面，虽然是最根本的一个方面。如果仅仅停留在这个层面上，那也很难说改革是一场革命。改革要发展生产力，要解放生产力，就要改掉不适应生产力发展的生产关系和上层建筑，让生产关系适应生产力发展，让上层建筑适应经济基础，释放出生产力发展的空间。

改革能够上升到革命的层次，说明改革不只是某个要素的改变，某个方面的改变，而是全方位的变革，是社会结构各个要素、社会生活各个方面的社会变革，意味着经济生活、政治环境、文化模式、社会秩序以及人的观念、思维方式、心理习惯等方面的深刻变革。改革是一场革命，强调的是改革的彻底性、艰巨性、综合性、复杂性、长远性。只有全方位的变革，才配得上革命二字。

▶ 与时俱进推进发展理念创新

中国特色社会主义理论体系立足中国国情，更加强调发展问题的重要性，提出了一系列关于发展的重要理念，从"发展才是硬道理"，到"发展是党执政兴国的第一要务""第一要义是发展""发展依然是当代中国的第一要务"，到全面、协调、可持续的科学发展，到创新、协调、绿色、开放、共享的新发展理念。中国改革取得如此大的进步，与我们对发展理念的继承与创新，把发展提高到如此高度肯定有密切的关系。

发展是解决我国一切问题的基础和关键，我们党探索社会主义建设规律，极为重要的方面就是要认清和用好经济建设规律。党的十八大以来，新发展理念引领我国发展全局取得的历史性成就、历史性变革充分证明，以习近平同志为核心的党中央成功驾驭了我国经济发展大局，在实践中形成了以新发展理念为主要内容的习近平新时代中国特色社会主义经济思想。

这一重要思想深刻分析总结国内外发展经验、发展趋势、发展挑战，对中国道路、中国经验作出了全面系统的、理论形态上的创新创造和概括提炼，坚持、丰富和发展了马克思主义政治经济学，标志着我们党对社会主义经济建设各种关系、各个方面规律的认识和运用上升到全新境界，为全党在发展问题上提供了管全局、管根本、管长远的科学指引。

新发展理念之所以新，首先是因为它是在新的历史条件下产生的发展理念，直指中国发展新阶段的深层次矛盾和突出问题，具有鲜明的问题导向性。新发展理念更加突出人民主体地位，它坚持以人民为中心的发展思想，更为突出强调了依靠谁发展、为了谁发展这一发展中的根本问题、原则问题。

▎▶ 全面谋划国家治理战略

国家治理是马克思主义经典作家在当时的社会背景下不可能充分研究的课题，但必然是长期执政的中国共产党人一定要回答的时代命题。如何切实推进国家治理现代化，中国特色社会主义理论体系给出了很好的回答。

国家治理实现现代化，制度最关键。但硬性的制度要落实到治理主体的能力水平、价值理念、道德修养提升上，没有道德、修养、理想、信念、信仰、精神境界的塑造，没有治理者本人的现代化，也就不可能真正实现国家治理的现代化。当代中国的国家治理不仅注重制度，而且同样注重治理者的能力、素养、价值观等方面。

国家治理制度和治理能力，两者相辅相成，但并不是说制度完善，治理能力就强。国家治理的制度好，要落实为治理能力强。制度再完善，如果不能转化为能力、转化为成效，那制度好坏、优劣还得另说。中国特色社会主义理论体系把治理能力作为治理现代化的一个方面提出来，有着鲜明特色，体现了更为务实的态度，力求把各方面制度优势转化为国家治理效能，以保证国家治理体系有效运转。

国家治理现代化是一个动态的过程，不可能一步到位、一劳永逸，把坚定制度自信和不断改革创新统一起来，既要保持中国特色社会主义制度和国家治理体系的稳定性和延续性，又要抓紧制定国家治理体系和治理能力现代化急需的制度、满足人民对美好生活新期待必备的制度，是国家治理现代化的应有之义。

▎▶ 构建人类命运共同体推进世界开放发展

今天的中国凭什么能引领当今世界的开放发展，凭什么能在国际舞台上扮演如此重要的角色？改革开放的历史实践实际上已经给出了答案，是因为中国依循马克思主义揭示的人类社会发展的客观规律，认识到必须站在全球化时代的潮头之上,是因为中国善于学习借鉴世界其他国家的先进经验,并能对世界发展趋势作出自己的判断,提出自己的主张。

人类命运共同体的提出代表着中国对人类社会文明走向的基本判断和基本追求。这既是马克思主义对人类社会发展的追求,又符合中华优秀传统文化的价值取向,是马克思主义与中华传统文化智慧所追求的美好社会的凝聚。

人类命运共同体也不仅仅是一种理念、一个倡议、一个概念,它还是一种实践,"丝绸之路经济带""21世纪海上丝绸之路"这"一带一路"的建设就是它的理念载体、落地之举、现实路基。"一带一路"建设已经证明,人类命运共同体不仅是一种政治主张、一个追求目标,它已经是一个客观历史进程,是人类社会发展的方向。

2019年4月25日,第二届"一带一路"国际合作高峰论坛民心相通分论坛在北京举行。

中联部 / 供图

中国特色社会主义理论体系的思想力量

/

159

▶ 从严治党打造强有力的领导力量

伟大的事业需要伟大的领导力量。没有强有力的中国共产党，就没有今天的中国所取得的一切成就。无论是革命、建设还是改革开放，无论是科学发展还是国家治理，无论是实现民族复兴还是构建人类命运共同体，都离不开中国共产党的领导，这是一个不争的事实。

中国共产党为什么能，怎么就能行？这源于它作为马克思主义政党，有着崇高的历史使命和奋斗目标，这源于它一直把党的建设作为伟大工程来抓，努力探索从严治党规律。中国特色社会主义理论体系根据所处环境的变化、党自身的变化，在新的伟大工程中贡献了智慧，很好地回答了如何加强党的领导、如何建设强有力的政党这个问题。

全面从严治党的提出体现了中国共产党对新形势下党建规律、治国理政规律的战略考量和远见卓识。它是适应世情国情党情的变化不断作出自我调适和优化的过程，它源于"全党必须警醒起来"的忧患意识，来自"打铁必须自身硬"的清醒认知，是党巩固执政地位、实现执政使命必须解决好的重大课题。

全面从严治党是作为执政党的中国共产党的自我革命。只有全面从严治党，才能解决党自身存在的突出问题，才能回应民众期待，增强民众对党的政治信任，保证中国共产党始终处于中国特色社会主义事业的领导核心地位。

扫一扫：理上网来

理论新境界专题

高度文化自信为发展校准航向

■ 闻 华

内容摘要： 文化是观察中国奇迹的重要一环。中国共产党要始终代表中国先进文化的前进方向，把创造和传播先进文化作为历史责任，并高度自觉地将马克思主义用以指导文化实践，始终把文化建设的地位和作用放到党和人民事业发展的战略高度来强调，领导人民走出了一条全新的文化发展道路。坚定文化自信，事关国运兴衰、事关文化安全、事关民族精神独立性。丰富多彩的精神文化生活是人民对美好生活向往的必然要求，也是凝聚人心的关键纽带和民生福祉的关键因素。进入新时代，中国经济发展成就进入世界前列，建设社会主义文化强国自然成为中国特色社会主义的发展目标。

文化是观察"中国奇迹"的重要一环。从文化的视角来看，中国改革开放和随之而来的高速发展，中国在世界文化的纷繁影响下没有丧失精神独立性而迷失自我，得益于中国特色社会主义的理论创新和先进文化的引领，得益于高度的文化自觉和文化自信，得益于与时俱进的文化体制改革。

▶ 文化是民族复兴的支撑

中华文明是历史从未断绝的文明，在世界历史上长期保持先进地位。虽然近代以来中国逐渐沦为半封建半殖民地，但是民族复兴和文化复兴的愿望，一直是激励中华民族不断奋进的强大动力。毛泽东曾经说过："自从中国人学会了马克思列宁主义以后，中国人在精神上就由被动转入主动……伟大的胜利的中国人民解放战争和人民大革命，已经复兴了并正在复兴着伟大的中国人民的文化。"

中国共产党要始终代表中国先进文化的前进方向，把创造和传播先进文化作为历史责任，并高度自觉地将马克思主义用以指导文化实践，始终把文化建设的地位和作用放到党和人民事业发展的战略高度来强调，把牢固树立正确的文化前进方向作为一个政党在思想上精神上的一面旗帜。这是我们党领导文化建设最大的思想优势。

中国共产党领导中国人民走出了一条全新的文化发展道路。它既不是向古代单纯回归，也不是向西方一味看齐的文化建设，而是建设中国特色社会主义文化。中国特色社会主义文化，源自中华民族5000多年文明历史所孕育的中华优秀传统文化，熔铸于党领导人民在革命、建设、改革中创造的革命文化和社会主义先进文化，植根于中国特色社会主义伟大实践。在独特的文化传统、独特的历史命运、独特的基本国情中走出的中国特色文化发展道路，是推动社会主义文化繁荣兴盛的唯一正确道路。

进入新时代，中国经济发展成就进入世界前列，中国提出了建设社会主义文化强国的目标。

随着中国经济体量跃升，人民生活方式和社会组织模式向现代化转变，发展带来的新问题也随之出现；随着中国日益走近世界舞台的中央，思想文化领域面临来自国内和国外的诸多挑战。一方面，经济全球化浪潮的冲击，新科技革命的影响，多元价值观的出现，网络时代的来临，这些因素使得各种思想文化交流交融交锋更加频繁，意识形态领域和国际思想文化领域的斗争更加深刻复杂。另一方面，作为最大的社会主义国家，中国成为西方敌对势力西化分化的重点，"中国威胁论""中国崩溃论"等论调此起彼伏，使中国的文化安全面临挑战。

文化自信，就在这样一个特定历史时刻成为中国思想文化建设的关键词。

▶ 坚定文化自信，守正创新推进"立心铸魂"

坚定文化自信，事关国运兴衰、事关文化安全、事关民族精神独立性。

对中国来说，实现"两个一百年"奋斗目标、实现中华民族伟大复兴

2017年，内蒙古自治区苏尼特右旗乌兰牧骑队员们联名给习近平总书记写信，表达了为繁荣发展社会主义文艺事业作贡献的决心。2017年11月21日，习近平总书记给他们回信，勉励他们扎根生活沃土，服务牧民群众，推动文艺创新，努力创作更多接地气、传得开、留得下的优秀作品，永远做草原上的"红色文艺轻骑兵"。图为2018年11月20日，乌兰牧骑队员们又一次奔赴牧区为牧民们表演节目。

新华社 / 发　东哈达 / 摄

中国梦，必须弘扬中国精神，凝聚中国力量。因此，必须坚定文化自信，巩固马克思主义在意识形态领域的指导地位，巩固全党全国人民团结奋斗的共同思想基础，为中华民族精神大厦的巍然耸立提供坚强的思想保证、强大的精神力量和丰沛的道德滋养。

党的十八大以来，习近平总书记多次从实现中华民族伟大复兴中国梦的高度深入论述文化的重大作用、重要地位，深刻阐释文化自信的重大意义、丰富内涵，将文化自信与道路自信、理论自信、制度自信相并列，把中国特色社会主义的内涵从"三位一体"丰富为"四位一体"。习近平总书记还多次强调："没有高度的文化自信，没有文化的繁荣兴盛，就没有中华民族伟大复兴。"坚定文化自信，其根本就是坚定对中国特色社会主义的信心。坚定中国特色社会主义道路自信、理论自信、制度自信，说到底，就要坚定文化自信。

党的十八大以来，在思想文化领域立心铸魂的重大战略陆续出台。

——建设具有强大凝聚力和引领力的社会主义意识形态。"意识形态工作是党的一项极端重要的工作，是为国家立心、为民族立魂的工作。"党的十八大以来，我们牢牢掌握意识形态工作领导权，坚持党管宣传、党管意识形态、党管媒体原则，落实意识形态工作责任制，旗帜鲜明反对和抵制各种错误观点，从根本上扭转了意识形态领域一度出现的被动局面，使我国意识形态领域形势发生了全局性、根本性的转变，巩固和发展了社会主义主流意识形态。

——加快构建具有强大感召力的社会主义核心价值观。党的十八大以来，中国加快构建充分反映中国特色、民族特性、时代特征的价值体系，加强爱国主义、集体主义、社会主义教育，着力用社会主义核心价值观培养担当民族复兴大任的时代新人，持续深化社会主义思想道德建设，深入实施公民道德建设工程，加强和改进思想政治工作，推进新时代文明实践中心建设，不断提升人民思想觉悟、道德水准、文明素养和全社会文明程度。

——传承和弘扬中华优秀传统文化。中国特色社会主义文化只有建立在中华优秀传统文化的基础上，才有根基、才有底气、才有自信。党的十八大以来，习近平总书记高度重视继承和弘扬中华优秀传统文化，提出了"创造性转化、创新性发展"的基本方针，并作为指导思想写入《关于实施中华优秀传统文化传承发展工程的意见》，为传承发展中华优秀传统文化提供了根本遵循。这既是延续中华文脉、推动中华文化现代化的战略举措，也是建设社会主义文化强国、推动中华民族伟大复兴的文化宣言；既是我们对待传统文化的总开关，也是新形势下处理"守"和"变"关系的科学指南。

——营造风清气正的网络空间。互联网已经是当今不同文化和价值观念交流交融交锋的主要空间，党的十八大以来，我们旗帜鲜明加强网上正面宣传，用习近平新时代中国特色社会主义思想团结亿万网民，构建网上网下同心圆。同时强调依法管网、依法办网、依法上网，加强网络空间治理，形成了党委领导、政府管理、企业履责、社会监督、网民自律等多主体参与，经济、法律、技术等多种手段相结合的综合治网格局，营造出健康的网络文化生态。

▶ 围绕"以人民为中心"推进文化发展

社会主义文化本质上是人民的文化。丰富多彩的精神文化生活是人民对美好生活向往的必然要求，也是凝聚人心的关键纽带和民生福祉的关键因素。因此，激发人民群众文化创造的热情，促进人的全面发展，是社会主义文化发展的目标。

党的十八大以来，习近平总书记非常重视文艺工作。在2014年10月15日的文艺工作座谈会上，他深刻指出，文艺不能在市场经济大潮中迷失方向，不能在为什么人的问题上发生偏差。作家、艺术家们应当深入生活、扎根人民，把中国精神作为社会主义文化的灵魂，更好传播中国价值观念，体现中华文化精神，创作反映中国人审美需求的优秀作品，从新时代的伟大创造中发现创作主题，不断推出讴歌党、讴歌祖国、讴歌人民、讴歌英雄的精品力作，引导人们追求讲道德、尊道德、守道德的生活，扫除颓废萎靡之风，让人们看到希望就在前方。几年来，文艺市场逐渐回归理性和平衡，文艺创作急功近利、粗制滥造的现象开始得到扭转。人民群众精神文化生活、基本文化权益得到较大满足，文化获得感幸福感不断增强，人民群众旺盛的文化创作热情被大大激发。

一个没有繁荣的哲学社会科学的国家是不可能走在世界前列的。党的

2019年4月28日，世界园艺博览会开幕式在北京延庆举行。在以"美丽家园"为主题的文艺晚会上，中国古典舞《彩蝶的虹桥》，以翩翩起舞的蝴蝶展现了大自然的五彩斑斓。各国模特身着参展国的名花图案服饰，用五彩缤纷的花语共叙友谊。图为演出现场。

新华社记者 申 宏/摄

十八大以来，以习近平同志为核心的党中央实施哲学社会科学创新工程，建设中国特色新型智库。习近平总书记主持召开哲学社会科学工作座谈会，提出了建设具有中国特色、中国风格、中国气派的哲学社会科学，形成有效支撑社会主义意识形态的学科体系、学术体系、话语体系。2016年2月，中央深改小组第三十一次会议审议通过了《关于加快构建中国特色哲学社会科学的意见》，把研究回答新时代重大理论和现实问题作为主攻方向，繁荣中国学术，发展中国理论，传播中国思想。

▶ 与时俱进推进文化体制改革

文化和经济的关系，文化和政府管理的关系，是我国文化体制改革中需要解决的突出问题，也是健全社会主义市场经济体系的一个重要方面。

在2013年8月19日全国宣传思想工作会议上，习近平总书记强调，要把握好意识形态属性和产业属性、社会效益和经济效益的关系，把社会效益放在首位，为新形势下深化文化体制改革指明了前进方向。此后，文化体制改革攻坚克难，在重点任务上全面发力，一批具有"四梁八柱"性质的重大改革取得突破性进展，改革主体框架基本确立，重点改革支撑作用日益凸显，为社会主义文化建设注入新动力，文化建设呈现新面貌。

2014年3月，《深化文化体制改革实施方案》正式出台，为文化改革发展规划了路线图、确立了时间表、布置了任务书。《实施方案》总的思路和布局是，紧紧围绕培育和弘扬社会主义核心价值观、建设社会主义文化强国这一核心目标，着力抓住完善文化管理体制、深化国有文化单位改革两个关键环节，加快构建现代公共文化服务体系、现代文化市场体系、优秀传统文化传承体系、对外文化传播和对外话语体系、文化政策法规体系五大体系。随后，《关于进一步加强和改进中华文化走出去工作的指导意见》《关于实施中华优秀传统文化传承发展工程的意见》等一系列法规、文件的出台，见证了文化体制改革的有序推进。

同时，文化体制改革中的"简政放权"也在逐步开展："十二五"期间，文化部取消或下放行政许可审批项目9项，新闻出版广电总局取消或下放29项。国务院陆续取消和下放行政审批事项200项以上；另外，我国现代公共文化服务体系建设呈现出整体推进、重点突破、全面提升的良好发展态势，初步建成了包括国家、省、地市、县、乡、村（社区）在内的六级公共文化服务网络。近年来，文化产业作为国民经济支柱产业，总量规模稳步提升，文化领域创新创业日趋活跃，文化产品和服务更加丰富，文化产业在稳增长、促改革、调结构、惠民生等方面作出积极贡献。

平等包容、交流互鉴的新文明观

当前，世界多极化、经济全球化、文化多样化、社会信息化深入发展，国际形势的不稳定性不确定性更加突出，人类面临的全球性挑战更加严峻。党的十八大以来，习近平总书记向世界提出构建人类命运共同体的中国方案。人类命运共同体，就是每个民族、每个国家的前途命运都紧紧联系在一起，应该风雨同舟、荣辱与共，努力把我们生于斯、长于斯的这个星球建成一个和睦的大家庭，把世界各国人民对美好生活的向往变成现实；构建人类命运共同体，就需要各国人民同心协力，建设持久和平、普遍安全、共同繁荣、开放包容、清洁美丽的世界。

构建人类命运共同体对文化建设提出了历史性的新要求，又需要文化给予坚强有力的支撑。在巴黎联合国教科文组织总部，习近平总书记阐述了中国的文明观：文明是多彩的，人类文明因多样才有交流互鉴的价值；文明是平等的，人类文明因平等才有交流互鉴的前提；文明是包容的，人类文明因包容才有交流互鉴的动力。

构建人类命运共同体，需要正确对待不同国家和民族的文明，正确对待传统文化和现实文化。对此，习近平总书记提出了坚持维护世界文明多样性、尊重各国各民族文明、正确进行文明学习借鉴、科学对待文化传统四项原则。夯实构建人类命运共同体的人文基础，必须深化人文交流互鉴，这是消除隔阂和误解、促进民心相知相通的重要途径。

"形于内"才能"发于外"，只要秉持高度文化自信，建设中国特色社会主义文化，保持战略定力，中国发展必将稳步向前。

扫一扫：理上网来

求是网首页

当代中国发展的文化优势

■ 简 辉

内容摘要：想了解一个国家的发展道路，最好去观察它的文化。中国稳健前行的精神力量和发展奇迹，可以从八大文化优势中窥见一斑。那就是，始终有作为党和国家指导思想的科学理论的指引，有巩固的主流意识形态，有决定着中华民族鲜明个性和辨识度的优秀传统文化，有真实反映历史和人民选择中国共产党领导、选择社会主义道路的正义性与必然性的革命文化，有以人民为中心的社会主义先进文化，有全国各族人民取得共识的价值观念，有更基础、更广泛、更深厚的文化自信，有构建人类命运共同体的终极关怀。

文运同国运相牵，文脉同国脉相连。想了解一个国家的发展道路，最好去观察它的文化；想把握一个国家发展驱动力，最好去观察它的文化；想判断一个国家发展前景，最好去观察它的文化。从八方面文化优势，或可读懂中国精神力量和发展奇迹。

▶ 优势一：有科学的指导思想指引

为什么中国共产党能够带领人民始终走在中国特色社会主义道路上，既不走封闭僵化的老路，也不走改旗易帜的邪路？其根本原因，就在于中国共产党和中国人民始终有作为党和国家指导思想的科学理论的指引。

科学理论，回答时代提出的根本性、方向性问题，是时代精神的精华，也是时代文化的精髓和灵魂。

邓小平理论，着力回答什么是社会主义、怎样建设社会主义的问题。"三个代表"重要思想，着力回答建设什么样的党、怎样建设党的问题。科学发展观，着力回答新形势下实现什么样的发展、怎样发展的问题。习近平新时代中国特色社会主义思想，着力回答新时代坚持和发展什么样的中国特色社会主义、怎样坚持和发展中国特色社会主义的问题。

　　这些马克思主义中国化创新成果,充分体现了合规律性与合目的性的统一,即合"共产党执政规律、社会主义建设规律、人类社会发展规律"与合"为人民谋幸福、为民族谋复兴、为世界谋大同"目的的有机统一。这个统一使作为党和国家指导思想的科学理论,既站在了真理制高点,又站在了道义制高点,必能引领党、国家和人民沿着正确道路前进。改革开放40多年的历史有力地证明了这一点。党的十八大以来,我们党和国家取得的全方位、开创性成就,实现的深层次、根本性变革,有力地证明了这一点。

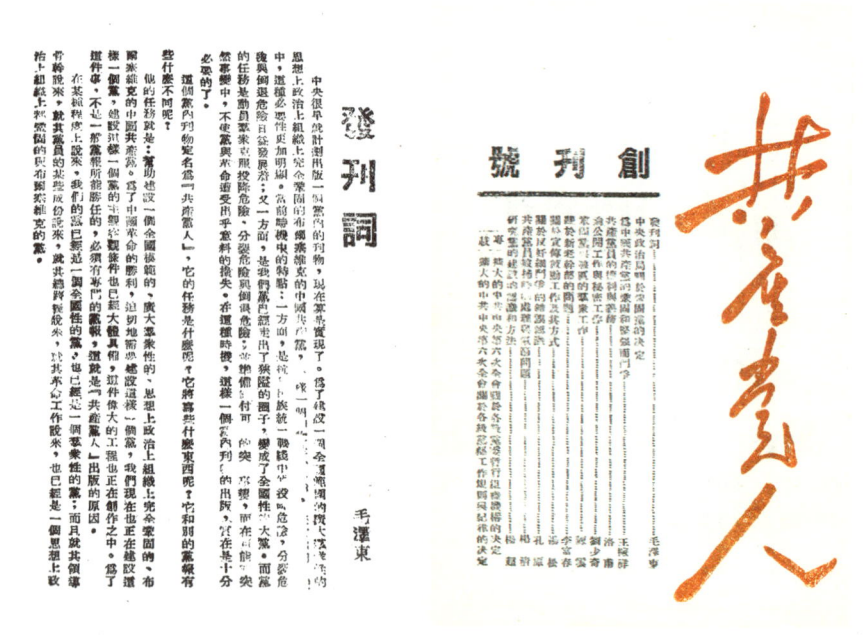

1939年10月,毛泽东同志为党内刊物《共产党人》撰写发刊词,第一次将党的建设称为"伟大的工程",指出党的建设要紧密团结党的政治路线来进行,必须按照马列主义基本原理和中国革命实际相结合的原则来建设党。图为毛泽东同志题写刊名的《共产党人》创刊号封面和发刊词有关内容。
朱鸿召/供图

　　把科学理论作为指导思想,实际就是举旗帜。"旗子立起了,大家才有所指望,才知所趋赴。"举旗帜是第一位的。战场上,古人曾望旗断胜负。我们党带领人民始终高举指导思想的精神旗帜,方向明确、步履坚定、持之以恒。从文化视角看，这可谓读懂中国成功故事的第一秘诀。

▶ 优势二：有巩固的主流意识形态

主流意识形态对于一个执政党或一个政权来说，具有根本性意义。主流意识形态巩固，是政权巩固的一个先决条件。同样，一个政权瓦解，往往也是从主流意识形态消解开始的。苏联的解体就是一个典型的例子。

党的十八大以来，党全面加强对意识形态工作领导，把"巩固马克思主义在意识形态领域的指导地位，巩固全党全国人民团结奋斗的共同思想基础"作为宣传思想文化工作根本任务。

——把坚持团结稳定鼓劲、正面宣传为主作为宣传思想文化工作必须遵循的重要方针，弘扬主旋律，传播正能量，巩固壮大主流思想舆论。

——与历史虚无主义、西方宪政民主、新自由主义、"普世价值"等错误社会思潮交锋和斗争，揭示其实质与危害，遏制其蔓延势头。

——在文学艺术、新闻舆论、哲学社会科学、学校思想政治理论课等意识形态部门和领域，分别召开座谈会，正本清源、守正创新。

——把互联网视为意识形态斗争主战场，坚持"正能量是总要求，管得住是硬道理，用得好是真本事"，科学认识网络传播规律，提高用网治网水平。

自觉维护和巩固社会主义意识形态，是当代中国社会稳定、政治稳定、人心稳定的重要基础和支撑，也是中国显著政治优势、文化优势之一。

▶ 优势三：有优秀的传统文化

中华优秀传统文化是中华民族之根。中国人之所以为中国人的基因及其独特精神标识，就蕴含于中华优秀传统文化。它决定着中华民族鲜明个性和辨识度。

中华优秀传统文化的当代使命，就是既要保持传统文化的同一性和个性，又要促进实现新时代的变革与发展，把中国建成社会主义现代化强国，实现中华民族伟大复兴。

因此，传承中华优秀传统文化，并非"药方只贩古时丹"，而是遵循"创造性转化、创新性发展"方针，"以古人之规矩，开自己之生面"。比如，我们党借鉴传统文化天人合一、尊重自然的精神，强调人与自然是生命共同体，坚持人与自然和谐共生，从而提出绿色发展理念，为当代生态文明建设提供了有力思想支持。

中华优秀传统文化，不仅是我们党治国理政智慧的渊薮和宝库，也成为西方学者眼中用以把握规律、改良人生的思维方法和伦理定则。

哈佛大学教授迈克尔·普明就把"道"视为把握万事万物的新思维，他讲授的"中国古代伦理和政治理论"，是哈佛第三大受欢迎的课程。他对学生说："这门课程可以改变你们的生活。"西方不只在盯着我们的口袋，也在关注我们的脑袋，关注中国智慧，从中寻找解决他们自身问题的答案。

▶ 优势四：有传承初心和使命的革命文化

革命文化是我国社会主义先进文化的前史和摇篮，它真实反映了历史和人民选择中国共产党领导、选择社会主义道路的正义性与必然性。

新中国怎么来的？中国共产党执政地位怎么来的？在中国，社会主义为什么行？共产党为什么能？这些当代中国基本问题的答案就蕴含在革命文化之中。习近平总书记多次重访革命圣地、革命老区、革命遗址，就是为了不忘初心、牢记使命，传承革命文化、弘扬革命精神，凝聚革命力量、鼓舞革命斗志。

——对我们共产党人来说，中国革命历史是最好的营养剂。多重温我们党领导人民进行革命的伟大历史，心中就会增添很多正能量。

——红军长征胜利，充分展现了革命理想的伟大精神力量。现在，时

雷锋是一个时代的楷模,雷锋精神是永恒的。雷锋在日记中写道:一个人的作用,对于革命事业来说,就如一架机器上的一颗螺丝钉。螺丝钉虽小,其作用是不可估量的。螺丝钉要经常保养和清洗,才不会生锈。人的思想也是这样,要经常检查,才不会出毛病。图为1960年11月支部书记高士祥(左)通知雷锋被批准加入中国共产党。

新华社/发 张 峻/摄

代变了,条件变了,我们共产党人为之奋斗的理想和事业没有变。我们要铭记红军丰功伟绩,弘扬伟大的长征精神。

——我们要结合新的时代条件,坚持坚定执着追理想、实事求是闯新路、艰苦奋斗攻难关、依靠群众求胜利,让井冈山精神放射出新的时代光芒。

革命文化承载着党的历史记忆和红色基因。"光荣传统不能丢,丢了就丢了魂;红色基因不能变,变了就变了质。""保证革命先辈们用鲜血和生命打下的红色江山代代相传。"总书记的话掷地有声。

当革命文化遭遇历史虚无主义者狙击时，我们党坚决予以回击和批驳。不仅把抵制历史虚无主义写入党的文献，还通过推动相关立法保护英雄烈士。只有捍卫英雄，弘扬英雄们以生命书写的革命文化，我们才不至于在民族危亡之际再去慨叹："我们的英雄不知在何处？"

▶ 优势五：有以人民为中心的先进文化

社会主义建设之所以能在中国取得巨大成功，形成堪称典范的中国特色社会主义模式，根本还是在于人。鲁迅曾提出，中国要"生存两间，角逐列国"，"其首在立人，人立而后凡事举"。只有立人，才能让中国"屹然独立于天下"。怎么立人？最重要的在于改变人们的精神。怎么改变人们的精神？鲁迅首推进步文艺。而在当代中国，立人就要首推社会主义先进文化。

——先进文化是弘扬中国特色社会主义共同理想的文化。人民有信仰，民族有希望，国家有力量。当年中华民族濒临危亡时，中国人却常被视为一盘散沙。他们没有理想信念指引，因而没有凝聚力、向心力，成为散沙状态。如今，先进文化建设使共同理想、核心价值观和中国梦深入人心，中国人凝聚力、向心力空前增强。

——先进文化是坚持以人民为中心的文化。这是其社会主义性质的根本体现。党的十八大以来，在思想文化领域，我们党反复强调坚持以人民为中心的工作导向、创作导向、研究导向。先进文化的构建，因为真心实意依靠人民，才极大振奋起人民的主人翁精神；因为全心全意为了人民，才强烈激发起人民建设社会主义的磅礴力量。

——先进文化是高扬时代精神、与时代同步伐的文化。走在时代前列，既是我们党先进性的要求，也是先进文化之所以先进的体现。"中国是向前的，不是向后的。"先进文化的构建，正是由于顺应"向前"大势，才真正做到了紧扣时代脉搏、听取时代召唤、把握时代主题，激励人们奋力改革创新，在时代发展中有所作为。

优势六：有全国各族人民取得共识的价值观念

21世纪的中国要往哪里去，要走向何方？21世纪的中国人获取了物质上安身立命的条件之后，如何在精神上安身立命？

中国作为一个有着近14亿人口、56个民族的大国，确立反映全国各族人民共同认同的价值观"最大公约数"，使全体人民同心同德、团结奋进，确实关乎国家前途命运，关乎人民幸福安康。

坚持社会主义核心价值体系，培育和践行社会主义核心价值观，这是我们党为此提出的基本方略。

——核心价值观，承载着一个民族、一个国家的精神追求，体现着一个社会评判是非曲直的价值标准。如果一个民族、一个国家没有共同的核心价值观，莫衷一是，行无依归，那这个民族、这个国家就无法前进。

——社会主义核心价值观是当代中国精神的集中体现，是凝聚中国力量的思想道德基础。广大文艺工作者要把培育和弘扬社会主义核心价值观作为根本任务。

——核心价值观是文化软实力的灵魂、文化软实力建设的重点。这是决定文化性质和方向的最深层次要素。一个国家的文化软实力，从根本上说，取决于其核心价值观的生命力、凝聚力、感召力。

——培育和弘扬核心价值观，有效整合社会意识，是社会系统得以正常运转、社会秩序得以有效维护的重要途径，也是国家治理体系和治理能力的重要方面。

由于我们党牢牢扭住核心价值观这个决定文化性质和社会发展方向的最深层次要素，并将其转化为人们的情感认同和行为习惯，使之成为中国人独特的精神支柱，中国特色社会主义事业及其建设主体才更好且更有效地获得了强大精神力量、文化支撑和价值引领。

▎▶ 优势七：有更基础、更广泛、更深厚的文化自信

关于自信与成功的关系，有许多格言。比如，"自信是成功的第一秘诀""人必须有自信，这是成功的秘密""自信是向成功迈出的第一步"。

中国特色社会主义为什么能成功？我们强调道路自信、理论自信、制度自信、文化自信，这正是当代中国走向成功的重要根基，也是当代中国成功经验的概括和总结。由于文化本身的特殊性质和功能，文化自信是更基础、更广泛、更深厚的自信。

——明确对象是文化自信的前提。文化自信是对中国特色社会主义文化的自信，其内容包括中华优秀传统文化、革命文化、社会主义先进文化。

——文化认同是文化自信的关键。坚定文化自信，要保持对自身文化理想、文化价值的高度信心，保持对自身文化生命力、创造力的高度信心。

——价值观自信是文化自信的本质。坚定文化自信，要把培育、弘扬和践行社会主义核心价值观作为根本任务，树立起核心价值观自信。

——民族自豪感、国家荣誉感是文化自信的重要源泉。坚定文化自信要把歌唱祖国、礼赞英雄作为文化产品创作的永恒主题，高扬爱国主义主旋律。

——正确认知历史是文化自信的根基。坚定文化自信，必先立其史，要有史识、史才、史德，引导人们树立正确的历史观、民族观、国家观、文化观。

习近平总书记指出，当今世界，要说哪个政党、哪个国家、哪个民族能够自信的话，那中国共产党、中华人民共和国、中华民族是最有理由自信的。

自信者强，自强者胜。因为文化自信，奋进在中国特色社会主义道路上，我们信念更为坚定，方向更为明确，步伐更为有力，力量更为持久。

优势八：有构建人类命运共同体的终极价值关怀

构建人类命运共同体，是习近平总书记着眼全球治理和人类文明发展提出的中国方案。习近平总书记指出，不同文明要取长补短、共同进步，让文明交流互鉴成为推动人类社会进步的动力、维护世界和平的纽带。其中蕴含着"和衷共济""协和万邦""天下大同"的中国理念和中国智慧，为人类提供了正确精神指引和终极价值关怀。

2017年2月，构建人类命运共同体理念被写入联合国决议。同年10月，构建人类命运共同体作为习近平新时代中国特色社会主义思想的重要内容写入中国共产党党章。2018年2月，中共中央建议在修改宪法部分内容时，增加"推动构建人类命运共同体"。

以人类的名义、以普遍关怀的名义进行文化构建，过去有些人可能会觉得西方文化是担纲者，认为它们更具有人类意识和普遍关怀的价值取向。而在这方面，内涵深沉的中国理念和中国智慧，在某种程度上被遮蔽、被忽视了。

当前，某些西方国家推行单边主义体现出来的自私、失信和霸凌，虽并不一定代表西方文化的总体倾向，但却从现实层面击碎了一些西方国家标榜的文化镜像，所谓的"普世价值"黯然失色。

而自古以来，中国有识之士对理想社会状态的一种追求就是：天下为公、世界大同。孔子讲"有教无类"，张载说"民，吾同胞，物，吾与也"。中华文化善于从全部、从整体看世界，对天下抱有强烈的责任感和担当精神。兼济天下、共生、共处、共享，始终是中国人民崇尚的美德。古有大同社会理想，今有全面建成小康社会实践。推己及人，我们主张构建人类命运共同体，显然更为顺理成章，也更有底气和自信。

构建人类命运共同体理念站在"人类向何处去""打造什么样的世界秩序"的高度，是对世界未来的和平发展提出的设想。如今，"构建人类命运共同体"已被多次写入联合国文件，正在从理念转化为行动，越来越被世界人民所认同，产生日益广泛而深远的国际影响。这是体现中华民族文化软实力的最闪亮的名片，也是中国文化精髓在当今新型国际关系构建中的杰出贡献和生动实践，彰显了中华文化的睿智思想及时代魅力，充分显示了中华民族的世界担当、人类担当和共同价值担当。

　　上述八大文化优势，是观察中国发展奇迹的文化"密码"，也是推动中国稳健前行、实现可持续发展的绵延不绝的文化动因。

中国稳健前行

▶法　治

- 依法治国的中国经验
- 法治建设是中国持续发展的重要保障
- 法治铸就平安中国
- 司法改革让人民群众感受公平正义

依法治国的中国经验

■ 冯玉军

冯玉军 中国人民大学习近平新时代中国特色社会主义思想研究院副院长，法学院教授、博士生导师，杰出青年法学家。担任中国法学会常务理事、立法学研究会副会长及10余所高校兼职教授。在权威及核心刊物上发表论文100余篇，出版学术专著16部、译著5部，主持两项国家社科重大攻关课题。多次参加中央有关政策文件的研究起草，在法理学、立法学、中国特色社会主义法治理论、法经济学和宗教法治研究领域有广泛的学术影响。

内容摘要：走什么样的法治道路、建设什么样的法治体系，是由一个国家的基本国情决定的。中国特色社会主义法治道路熔铸于中国革命、建设与改革的历史逻辑，是经济社会等基本国情长期发展、渐进改进、内生性演化的结果。回顾中国特色社会主义法治建设的卓越成就，有五个方面的实践经验值得深入总结：明确党在法治建设中的核心领导作用；强调依法治国和以德治国相结合；突出人民的主体地位的协商性法治；注重对法治建设进行顶层设计和科学规划；坚持在实践中渐进发展法治。中国特色社会主义法治道路是五千年中华文明的制度新篇，是对中华文明治国之道的历史传承和创新发展，展现出独有的特征和优势，是国家治理体系和治理能力现代化的一条新路。

全面推进依法治国，必须走对路。改革开放以来，我们党带领中国人民走出了一条中国特色社会主义法治道路。习近平总书记指出："中国特色社会主义法治道路是一个管总的东西。具体讲我国法治建设的成就，大大小小可以列举出十几条、几十条，但归结起来就是开辟了中国特色社会主义法治道路这一条。"走什么样的法治道路、建设什么样的法治体系，是由一个国家的基本国情决定的。正确的法治道路书上抄不来，别人送不来，只能靠自己走出来。中国特色社会主义法治道路，是我国社会主义法治建设成就和经验的集中体现，是建设社会主义法治国家的唯一正确道路。

▶ 基本国情决定法治道路

把握事物的历史，才能更好地把握事物的本质。要深刻领会中国特色社会主义法治道路的深刻内涵，必须站在历史视域中回顾这条道路是如何形成的,分析它的形成顺应了什么样的历史必然和客观规律。

首先,在历史中孕育生长的中华优秀传统文化为中华民族发展壮大提供了丰厚滋养,是中国特色社会主义法治道路植根的文化沃土。今天,吸收人类文明有益成果,不是要抛弃历史传统、割断文化血脉,而是要推动中华文明发展到新的更高水平。中国特色社会主义法治道路是五千年中华文明的制度新篇,是对中华文明治国之道的历史传承和创新发展。

其次,从中国近代以来的历史来看,中国特色社会主义法治道路是对中国革命、建设、改革的实践经验总结得出的必然结论。我们党对依法治国问题的认识经历了一个不断深化的过程,对中国特色社会主义法治道路的探索也贯穿于新民主主义革命和社会主义建设的全部历史。从1921年建党到红色根据地建立,中国共产党人的民主法制思想逐步得以实施。1949年9月召开的中国人民政治协商会议通过的《共同纲领》具有临时宪法性质,确立了新的国家政权与人民解放事业的伟大成果,是新民主主义

1982年11月29日,出席第五届全国人民代表大会第五次会议的山西省代表团分组审议宪法修改草案。图为全国劳动模范、植棉能手吴吉昌在发言。　　**新华社记者　王新庆/摄**

革命法治建设经验的总结和反映。而回望70年来新中国发展的历史，从1949年新中国成立，我们党就开启了对社会主义法制的探索。1954年"五四宪法"的制定把中国人民的革命成果和社会主义发展方向以宪法的形式确定下来，以根本大法形式规定了我国的国体、政体、国家机构、公民基本权利和义务，并以此为依据制定了国家机构组织法，确立了新中国立法制度和司法制度，标志着社会主义法治道路探索与实践的第一次重大突破。伴随着改革开放进程中民主法制的恢复，社会主义法治建设快速发展。以制定1982年《宪法》和《民法通则》《刑法》《刑事诉讼法》等一系列重要法律为标志，我们推进多轮民主与法制变革，重建社会管理秩序，保障基本人权和民主，确定建立社会主义市场经济法律体系的战略取向，初步实现了社会治理的法律化、制度化。1997年召开的党的十五大明确提出"依法治国，建设社会主义法治国家"的治国方略，2010年以宪法为核心的中国特色社会主义法律体系形成，法治的地位和作用获得空前重视，宪法权威、保障人权、限制公权、程序公正等法律原则在法律规范体系建构和法律实施中得到体现，法律宣传和普及水平日益提升，法学教育和法律研究日益繁荣，中国特色社会主义法治道路在实践中不断丰富发展，实现了从"法制"到"法治"的第二次突破。

党的十八大以来，在以习近平同志为核心的党中央领导下，我们取得了一系列法治建设新成就：

第一，提出全面推进依法治国战略部署，党的法治理论和法治纲领提升到新高度，推进国家治理体系和治理能力现代化成为全面深化改革总目标，开创了治国理政新篇章。

第二，提出建设"法治中国"的光荣任务，大手笔勾画了全面建成小康社会、实现中华民族伟大复兴的理想愿景。

第三，强调全面贯彻实施宪法是建设社会主义法治国家的首要任务和基础性工作，完善以宪法为核心的中国特色社会主义法律体系，加强重点领域立法，创新立法体制机制，实现立法民主化和科学化。

第四，国家尊重和保障人权，经济社会建设坚持民生优先、以人民为中心，形成并持续优化社会保障体系。

第五，依法行政稳步展开，探索建立权责统一、权威高效的依法行政体制，为2020年基本建成法治政府夯实基础。

第六，司法改革不断深化，在推进司法管理体制改革、完善司法职业制度和人权司法保障制度、防止违法干预司法活动、维护司法权威、健全司法权运行机制等方面都有重要举措。

第七，借鉴吸收世界优秀法治文明成果，不断完善中国特色社会主义法治理论体系，推进法学教育教学改革，扩大法治国际交流与合作，培养德法兼修的法治人才队伍。

第八，将思想建党和制度治党紧密结合，集中整饬党风，严厉惩治腐败，把党的领导贯彻到依法治国全过程和各方面，提高党员干部法治思维和依法办事能力。

另外，党的十八届四中全会作出了全面推进依法治国的顶层设计，确立了"建设中国特色社会主义法治体系，建设社会主义法治国家"的战略目标，科学系统地提出全面推进依法治国的基本原则、工作布局和重点任务，这是当代中国法治建设史上的第三次重大突破。

党的十九大提出中国特色社会主义进入新时代，擘画了全面依法治国的时间表和路线图。具体而言，2012年到2019年，是全面依法治国思想理论和体系方略的定型阶段；2020年到2035年，是实现国家治理基本现代化阶段；2035年到2050年，是建成良法善治的现代化强国和文明国家阶段。展望未来，当我国的法治建设达到相当高度的时候，衡量法治的尺度将不再是法律制度本身，而是国家治理水平和社会文明程度。

从上述历史坐标中观察，中国特色社会主义法治道路是从中国的社会土壤中生长起来的，传承五千年中华文明，熔铸于中国革命、建设与改革的历史逻辑，是我们经济社会等基本国情长期发展、渐进改进、内生性演化的结果，具有无比强大的生命力。

全面依法治国的五方面经验

中国特色社会主义法治道路展现出独有的特征和优势，是一条发展中国家走向国家治理体系和治理能力现代化的新路。法治建设的中国经验主要体现在以下五个方面：

明确党在法治建设中的核心领导作用。长期执政的中国共产党在改革开放和现代化建设中发挥着总揽全局、协调各方的领导核心作用，实现了自上而下推动全面依法治国与自下而上的基层法治创新相结合。这种领导体制使得各种改革措施较少受到传统价值观念、社会多元力量、现实复杂利益的牵绊钳制，能够既加快实现法治建设目标，及时取得法治改革成果，又使得基层的实践创新与顶层设计相互促进，共同推动全面依法治国向纵深发展。坚持党总揽全局、协调各方的核心领导作用，是社会主义法治的根本保证，是支持和保证人民实现当家作主的关键。这种核心领导作用主要体现在四个方面：第一，中国特色社会主义法治是全体人民通过立法、执法、司法、法制监督、法治教育和法律实践等环节所建立起来的社会主义法律秩序，具有鲜明的阶级性和人民性，中国共产党作为这种阶级性和人民性的代表，凝智聚力、依法执政。第二，中国特色社会主义民主是法治的基础和前提，中国共产党是争取民主、发扬民主、扩大民主、建设社会主义民主政治的领导核心，没有党的领导就不会有中国特色社会主义民主，也就不会有中国特色社会主义法治。第三，法律制定过程是党领导立法机关把党和人民意志转化为国家意志，保证党的路线方针政策和决策部署在国家工作中得到全面贯彻和有效执行的过程。第四，法律的实施过程是党领导各级行政机关和司法机关依法行政、公正司法，尊重和保障人权，保证经济、政治、文化、社会和生态文明建设协调发展的过程。

强调依法治国和以德治国相结合。我国的法治和依法治国，是从中国国情和实际出发，立足于社会主义初级阶段这个基本国情，具有中国风格和中国特色的社会主义法治。中国特色社会主义法治之所以强调依法治国和以德治国相结合，同中国古代几千年治国理政的经验总结有关，也同挖掘和汲取中华传统法律文化精华有关。孔子说:"道之以政,齐之以刑,民免而无耻;道之以德,齐之以礼,有耻且格。"按照儒家思想,治理国家,不能一味地严刑峻法、以"杀"去杀,而应该以道德调整为主,以法律(刑罚)调整为辅,按照伦理道德原则来评价立法、司法和执法的优劣,从而维护淳朴民风井然秩序。习近平总书记明确指出:"法律是成文的道德,道德是内心的法律。法律和道德都具有规范社会行为、调节社会关系、维护社会秩序的作用。治理国家、治理社会必须一手抓法治、一手抓德治,既重视发挥法律的规范作用,又重视发挥道德的教化作用,实现法律和道德相辅相成、法治和德治相得益彰。"这些重要论断和由此形成的依法治国和以德治国相结合理论,传承了我国古代治国理政经验,丰富和发展了国家治理现代化理论。

突出人民的主体地位的协商性法治。党的领导是人民当家作主和依法治国的根本保证,人民当家作主是社会主义民主政治的本质特征,依法治国是党领导人民治理国家的基本方式,三者统一于我国社会主义民主政治伟大实践。人民是全面依法治国的主体力量。在中国共产党领导下,人民成为国家治理的主人,通过法治方式实现当家作主,以法治方式治理国家。法治建设为了人民、依靠人民、造福人民、保护人民,以保障人民根本权益为出发点和落脚点,人民也在法治中自我管理、自主发展。另一方面,中国特色社会主义法治是中国共产党领导下各机关各部门分工负责,各地方各区域统筹兼顾、协作互动的协商性法治。法治是国家形态由传统走向现代的一个重要标志。国家只有以法律手段来治国理政,社会调控和管理才能摆脱随意性和特权,经济、政治、文化的和谐发展与社会全面进步才有基本的秩序保障,整个社会才能既充满活力又和谐有序。

注重对法治建设进行顶层设计和科学规划。从制度形成过程看,中国特色社会主义法治是强调科学合理规划的建构型法治。西方国家的法治发展常常是社会内部矛盾发展激化而被动调整的结果。我国改革开放40多年来中国特色社会主义法治建设的实践表明,我国的法治进程不是断裂的、自发的或者漫无目的的,而是连续的、有领导的、有规划的逐步推进的过

2018年3月18日,十三届全国人大一次会议在北京人民大会堂举行第六次全体会议。图为新当选的第十三届全国人民代表大会常务委员会委员进行宪法宣誓。　　**新华社记者　李学仁/摄**

  程。事实上,这种理性主义建构态度体现在立法、司法、执法以及普法教育宣传等各个法治环节。从中央到地方,从科学立法到司法改革,通过顶层设计和科学规划,审慎拟定改革方案,防范改革风险,渐次实现改革目标,可以保证法治建设在党和国家工作大局中积极稳妥地推进,更好地统筹兼顾法治国家、法治政府、法治社会建设的各项工作。以全国人大常委会制定的五年立法规划为例,其主要功能在于使立法工作有计划、有步骤、有目的地开展,同时起到领方向、绘蓝图、立良法、促善治的良好作用。

  坚持在实践中渐进发展法治。从制度运行看,中国特色社会主义法治道路体现了实践理性,是强调试验学习、先易后难的渐进型法治。法治是规则之治,法律的主要功能在于建立和保持一种可以大致确定的预期,以便利人们的相互交往和行为。在必须具有预期稳定性的法律领域中充满了实践理性,是中国法治建设的特点和优点。建设中国特色社会主义法治体系、建设社会主义法治国家是一项复杂的系统工程，必然是一个长期的历史过程，不可能一蹴而就。将法治建设的目标落到实处，需要加强对具体实施方案的系统研究和设计，通过试验总结经验、完善制度，然后再行推广。回顾改革开放40多年的法治建设过程，实际上就是一个反复试验、不断学习、抢抓机遇、以点带面、持续创新的过程，这个过程保证了法治发展的稳定性和可预期性，提升了法治建设质量。

"经验和教训使我们党深刻认识到，法治是治国理政不可或缺的重要手段。"我们要在建设"法治中国"的过程中，持续推进国家治理体系和治理能力现代化，发挥中国特色社会主义制度优势，实现中国稳健前行，写好五千年文明古国的治国之道新篇章。

扫一扫：理上网来

求是漫评

法治建设是中国持续发展的重要保障

■ 支振锋

支振锋 中国社会科学院法学研究所研究员、中国社会科学院大学长聘教授、《环球法律评论》杂志副主编、国家"万人计划"青年拔尖人才。在《人民日报》《求是》《光明日报》等报刊发表文章300余篇,出版著(译)作14部,主持国家社科基金课题两项,中央宣传部、中央政法委、中央网信办、最高人民法院、教育部、司法部等部门委托课题10余项。

内容摘要：法治既是构成"中国奇迹"四梁八柱的重要部分，也是中国发展故事中令人感佩的章节。一个近14亿人口大国，成为世界上最安全的国家之一，这就是一个了不起的奇迹。安全是发展的基础，安全依赖于法治。中国将全面依法治国看作国家治理的一场深刻革命，推进科学立法、严格执法、公正司法、全民守法，坚持依法治国、依法执政、依法行政共同推进，坚持法治国家、法治政府、法治社会一体建设，坚持依法治国和以德治国相结合、依法治国和依规治党有机统一，深化司法体制改革，提高全民族法治素养和道德素质。建设法治中国，是推进国家治理体系和治理能力现代化的应有之义。

经济发展影响人们的获得感，法治发展影响人们的安全感。近代以来人类社会发展的历史实践表明，成功从来不会是"单足跳"，而必定是步调协同的"集体舞"。对于大国而言，更是如此。法治同样既是构成"中国奇迹"四梁八柱的重要部分，在经济快速发展的同时，法治中国的建设进程同样是中国发展故事中令人感佩的章节。

▶ 确定预期性：法治发展的内在要求

"中国奇迹"，是中国人民辛勤劳动干出来的。邓小平同志指出："世界上的事情都是干出来的，不干，半点马克思主义也没有。"习近平总书记更是强调："社会主义是干出来的，新时代也是干出来的！"改革开放给社会松绑，让老百姓自己决定双手往哪里使劲，对美好生活的向往，更是让老百姓充满了力量。但真正让老百姓"干起来"，还有一个关键条件，那就是一个确信或预期：人身是自由和安全的，财产也是安全的。

法治的作用，就在于给社会提供确定性和可预期性。《孟子·滕文公上》说："民之为道也，有恒产者有恒心，无恒产者无恒心。苟无恒心，放辟邪侈，无不为已。"明人沈德符在《万历野获编》中说："事不出于预期，人自难于早见，即欲作弊，安所措手哉？"讲的都是一个确定性问题。有恒产者有恒心，关键就在一个"恒"字，指的是一种稳定、安定、确定的状态。只有在一个确定的状态下，人们才能规划人生、安排生活、发展事业。如果干与不干一个样，干多干少一个样，或者"遍身罗绮者，不是养蚕人"，干了收获却不是自己的，甚至连人身自由和生命安全都得不到保证，人们就不会努力，聪明才智也不会充分涌流。

在这个问题上，中国取得了一个同样不可思议的奇迹。一个拥有近14亿人口的大国，在经济高速发展、社会急剧转型、矛盾易发多发的剧烈变革之世，竟然成为世界上最安全的国家之一。天地之间，人命最贵。2016年，我国每10万人中发生命案0.62起。有比较才有鉴别，2015年，美国的这个数据是4.88，法国是1.58，瑞士是0.69，德国是0.85；许多人津津乐道的北欧国家中，丹麦是0.99，芬兰是0.91，瑞典是1.15。中国0.62的成绩，世界排名第17位。可以说，中国是世界上命案发生率最低的国家之一。

2018年，美国民意调查公司盖洛普在142个国家和地区采访了14.8万名15岁以上公民，就基于居民自身的安全感开展调查，发布《全球法律与秩序报告》，中国获得88分，居民安全感排名第十。不管是外国旅客，还是本国居民，在中国都能放心地半夜"撸串"，女性也不用担心单身出行。对于绝大多数中国人来说，安全已经习以为常，感觉理所当然。而且中国还是在警察人数偏少的情况下取得这样成绩的。据联合国有关组织的估算，全世界各国每10万人口警力数平均约为300人，只有不到10个国家的每10万人口警力数低于100人。中国每10万人只有120个警察，相比之下，美国有245个，英国有307个，俄国有246个，日本有197个。

除了人身的自由和安全，中国人能放心去"打拼"，还因为财产安全有保障。根据世界银行报告，改革开放以来，1978年至2014年期间，中国实际人均收入增长16倍，超过8.5亿人摆脱了贫困，中国大多数家庭都经历了一场财富革命。2018年中国公民出境游接近1.5亿人次，在全世界"买买买"；全国已有15个城市、1.45亿人达到人均GDP超过2万美元的发达国家水平；上海、北京和香港，均进入亚洲经济体量最大城市的前四名。财产安全的另一个方面，国际公认的是，非本国居民知识产权申请数量是反映一个国家知识产权保护水平与营商环境的"风向标"和"晴雨表"。2018年，我国共授权发明专利43.2万件，知识产权使用费进出口总额超过350亿美元。2018年，国外在华发明专利申请量达到14.8万件，较上年增长9.1%；国外在华商标申请量为24.4万件，较上年增长16.5%。

我国加快知识产权信用体系建设
六类严重失信行为将被联合惩戒

国家发展改革委、人民银行、国家知识产权局等38个部门和单位日前联合签署了合作备忘录，决定对知识产权（专利）领域严重失信主体开展联合惩戒

备忘录明确了六类知识产权（专利）领域严重失信行为：

- 重复专利侵权行为
- 不依法执行行为
- 专利代理严重违法行为
- 专利代理人资格证书挂靠行为
- 非正常申请专利行为
- 提供虚假文件行为

新华社发（边纪红制图）

国家发展改革委、人民银行、国家知识产权局等38个部门和单位于2018年12月联合签署了合作备忘录，决定对知识产权（专利）领域严重失信主体开展联合惩戒，这是强化知识产权保护、加强社会信用体系建设的重大举措，标志着我国知识产权信用体系建设进入落地实施阶段。　　新华社/发　边纪红/制图

在中国，安全看得见。利用信息化技术，中国正在打造全世界最全面、最鲜活、最直观的司法公开模式。人民法院庭审公开、裁判文书公开、执行信息公开、审判流程公开四大公开平台，实现了司法公开的全流程透明和全方位覆盖。司法公开极大地压缩了司法腐败的空间，倒逼法官能力的提升，增强了司法公信力，提升了司法权威，打造了司法公开的中国模式，树立了司法公开的中国高度。

人身有安全，财产有保障，透明看得见。这样的法治水平，对一个人口众多、国情复杂的发展中国家而言，当然是了不起的成绩。

▶ 系统稳定性：法治成功的共同道路

确定性和可预期性的实质，就是以法治保障公民的人身安全、财产安全，以及相应的交易安全。在这个意义上讲，安全是发展的基础。安全依赖于法治。但法治保障不是天上掉下来的，要靠"撸起袖子加油干"。而且，可能干得很艰辛，还不一定能够干成。法治是当今世界的主流话语和共同愿景。在政治制度、价值理念、意识形态以及切实的国家利益争夺日益激烈的背景下，法治是少有的共同语言，是当今国际最低限度的共识之一。尤其对于发展中国家而言，法治更是他们炽热的追求。从某种意义上讲，五湖四海、肤色不同、种族多样、政见歧异的所有人，几乎共享着一个全球性的法治理想。

研究各个国家法治建设的成败得失，会有一些共性的发现。一是法治建设与经济发展关系密切。除部分中东产油国外，各个国家和地区的经济发展水平与法治建设水平虽然不能完全一一对应，但大体上呈正相关的关系。二是法治发展与社会稳定息息相关，政治与社会不稳定，就没有法治可言，而法治反过来又促进社会的稳定。三是法治成功与西式选举民主没有必然关系。四是法治建设的成功都依赖于一个稳定而强大的政府，需要强大的国家能力。五是法治必须能管住"关键少数"，把权力关进制度的笼子。

从第三世界国家的发展历程来看，发展中恰恰最容易出现的就是稳定问题。一旦政局不稳、社会动荡，则万事皆休。某种意义上说，稳定是"一"，其他的都是"零"；没有了稳定作为基础，一切归零。法治建设有助于经济发展、社会有序和政治稳定，而同时，法治建设的成功也有赖于经济发展、社会有序和政治稳定。

换言之，法治的成功一定不是单兵突击，而是协调共进，是与经济、社会、政治等其他各领域建设相协同的系统性成功。也正是在这个意义上，中国将全面依法治国看作国家治理的一场深刻革命，坚持厉行法治，推进科学立法、严格执法、公正司法、全民守法，坚持依法治国、依法执政、依法行政共同推进，坚持法治国家、法治政府、法治社会一体建设，坚持依法治国和以德治国相结合，依法治国和依规治党有机统一，深化司法体制改革，提高全民族法治素养和道德素质。这体现了长期执政的中国共产党对法治建设规律的深刻洞察。

整体协同性：法治建设的中国密码

是先有法治蓝图，严厉约束国家权力，然后大家都严格遵守法治、依法办事，还是依靠一个强大的国家，在国家建设的过程中不断发现问题，精心布局，立法制定，逐渐完善法治？这是两种不同的认识论。前者是历史上从未出现过的浪漫理想，而后者才是许多国家筚路蓝缕建设法治的现实。

中国走的是现实主义的法治建设之路。根据党的十九大报告新的"两步走"战略部署，到2035年基本实现社会主义现代化，其中一个目标就是"人民平等参与、平等发展权利得到充分保障，法治国家、法治政府、法治社会基本建成"。当然，目标高远并不代表当下卑微。近14亿人口的发展中大国，能够位列世界最安全的国家之一，很好地保障了公民的人身和财产权利，这本身就是历史性的成就和贡献。

从二战以来第三世界国家和地区的法治建设成败得失中，可以发现一个显著的"国家能力悖论"。通观全球，只有那些具备经济发达、政治稳定、社会有序、政府有力等各项条件的国家和地区，才有不错的法治，或者法治能够转型成功。而这几个方面，都属于国家能力的范畴。故而可以说，国家能力是法治建设的必要条件，也算得上是法治转型的成功之道。但即便具备强大的国家能力，也未必能成功建设法治。比如有些拉美、中东国家，都一度出现过经济发达、政治稳定的局面，但并未能建成公认的法治国家。其中一个重要的因素就是，这些国家虽然国家能力强大，经济也曾经很发达或者现在仍然很发达，但要么强人政治，要么政教不分，权力高度垄断而且很难受到约束，司法受到权力的干预，无法实现法律面前人人平等，无法消除特权和腐败，自然不能成功建设现代法治。因此，国家能力是法治建设成功的必要条件，而非充分条件。

2018年3月20日，第十三届全国人民代表大会第一次会议在北京人民大会堂举行闭幕会。会议经表决，通过了监察法，国家主席习近平签署第三号主席令予以公布。

左图为第十三届全国人民代表大会第一次会议闭幕会正在表决《中华人民共和国监察法（草案）》。

右图为《中华人民共和国监察法》。

新华社记者　丁海涛/摄

求是杂志社记者/摄

中国共产党从来不认为自己的执政地位是与生俱来的，更不认为是一劳永逸的，而是始终保持强烈的忧患意识，深刻认识自己面临的长期执政考验、改革开放考验、市场经济考验、外部环境考验的长期性和复杂性，深刻认识面临的精神懈怠危险、能力不足危险、脱离群众危险、消极腐败危险的尖锐性和严峻性，持之以恒正风肃纪，以"反腐败永远在路上"的坚韧和执着坚持零容忍、全覆盖、无禁区，抓住"关键少数"，增强自我纯洁和自我净化能力，让权力在阳光下运行，把权力关进制度的笼子。中国共产党领导中国法治建设，而中国共产党又自觉地在宪法和法律的范围内活动，反对任何人凌驾于法律之上。

从提出"为了保障人民民主，必须加强社会主义法制"，到提出"建设社会主义法治国家"，再到把依法治国确定为党领导人民治理国家的基本方略，把依法执政确立为党治国理政的基本方式。特别是党的十八大以来，将全面依法治国纳入"四个全面"战略布局，从关系到党和国家长治久安的战略高度来定位法治、布局法治、厉行法治，把全面依法治国放在党和国家事业发展全局中来谋划、来推进。这种"咬定"法治不放松、一张蓝图绘到底、一代接着一代干的法治建设，是世所罕见，也是史所罕见的。这背后，就在于中国有一个先进的、无偏私而又不断自我革命的执政党。

但这条路极端困难、艰辛。往这边偏一点，可能就是一个强大的"利维坦"，法网"密如凝脂，繁似秋荼"，不断吞噬个人自由和权利；往那边偏一点，可能就是国家能力孱弱，发展步履维艰，在列国竞争中掉队，甚至沦为无政府状态的失败国家，公民权利更是无从谈起。特别是对于广土众民的大国而言，不同的阶段有不同的发展难题和任务，不同的地域有不同的发展情况和诉求，国家必须保持法制统一，但又要给地方和社会留有余地，既要能够集中精力办大事，又要充分发挥"两个积极性"，发展如何规划，建设如何布局，资源如何投放，谋篇布局，必须步步精心。

改革发展稳定、内政外交国防、治党治国治军，千头万绪，都涉及法治的保障。但法治并不是国家建设的全部。在这个过程中，法治既是重要的发展保障，又是发展的重要一环。经济发展、社会有序、政治稳定与法治昌明，相互依存、相互支持，一荣俱荣、一损俱损，但又不断在国家建设大局中相互竞争议程的优先性和资源的投放量。历史已经证明，能否在国家发展的全局中来布局法治，能否让法治适应国家发展的大局，绝不是浪漫主义的"随意选"，而只能是现实主义的"弹钢琴"。奏出美妙乐章的，也不仅仅是灵巧的十指，更是一颗智慧的大脑。在国家建设中，这个"大脑"就是国家能力大小以及能否明智运用的关键，其实质就是需要一个坚强有力而又智慧自警的领导核心——中国共产党。中国特色社会主义法治道路的核心要义，就是要坚持党的领导。党的领导是中国特色社会主义最本质的特征，是社会主义法治最根本的保证。建设法治中国，是推进国家治理体系和治理能力现代化的应有之义，也是在中国共产党的领导下实现中国持续发展、稳健前行的重要保障。

法治铸就平安中国

■ 石亚军

石亚军 中国政法大学原党委书记、教授、博士生导师,现兼任中国行政改革研究会副会长、国家社科基金2006年重大课题"中国行政管理体制现状调查与改革建议"和2013年重大课题"内涵式大部制改革视野下的政府职能根本转变研究"首席专家。发表论文100余篇,出版著述《中国行政管理体制实证研究》《政府改革多视点探微》《中国政治建设与发展研究》等。获第六届和第七届教育部高等学校科学研究优秀成果奖(人文社会科学)二等奖各一项。

内容摘要：稳定是发展和改革的前提，政治环境的稳定可以为发展提供宽松氛围，为改革准备坚实的制度基础；社会环境的稳定是发展的必要条件，是改革顺利推进的有力保障。党和国家始终高度重视稳定问题，强调以法治保稳定促发展的统一，始终把维护稳定放在繁荣发展中国特色社会主义各项事业的重要位置，始终不忘法治在维护稳定中的重要作用。法治中国建设有效地维护了多民族国家的政治安全、民族团结、社会稳定，平安中国建设的巨大成就为中国特色社会主义事业在改革开放中阔步前进提供了坚实基础和有力保障。

新中国70年，中华民族迎来了从站起来、富起来到强起来的伟大飞跃，"中国奇迹"令世界感叹，同时也引起很多人对"中国奇迹"背后奥秘的探究。为什么中国在短短的几十年中取得了如此巨大的发展，走完了西方资本主义国家几百年的现代化历程？原因固然很多，其中确保社会稳定是根本前提。中国共产党领导人民用法治牢牢掌握了社会大局稳定，平安中国为中国稳健发展提供了社会稳定这一基本前提。

▶ 党和国家始终高度重视稳定问题

稳定是发展和改革的前提，政治环境的稳定可以为发展提供宽松氛围，为改革准备坚实的制度基础；社会环境的稳定是发展的必要条件，是改革顺利推进的有力保障。稳定与发展、改革相互协调和促进，持久的稳定可以持续地推进发展和改革步入良性轨道，这既是一个客观规律，也是人心所向。法治塑造了政治稳定的秩序渊源，构建了经济活动正常进行的法律基础，维护了社会生活的合理预期，提供了纠纷矛盾的有效解决机制，是实现稳定的根本和长远保障。

新中国成立伊始，百废待兴，巩固新生政权、维护社会秩序成为社会主义法治建设的根本任务。在团结人民、打击敌人的方针指引下，短短几年间，包括"五四宪法"在内的一系列重要法律纷纷出台，为维护社会秩序和发展社会生产力提供了基本保障。

进入改革开放时期，发展与稳定的关系更加凸显，确保稳定以促进发展，成为中国特色社会主义法治建设的重要任务。邓小平同志反复强调社会稳定的重要性，明确把安定的政治环境作为治理国家的"一个大道理"，其他"小道理"应当服从于这个大道理；党的十三届四中全会以后，江泽民同志指出"稳定是发展和改革的前提，发展和改革必须要有稳定的政治和社会环境，这是我们付出了代价才取得的共识"；党的十六大以后，胡锦涛同志提出发展是硬道理，稳定是硬任务，并强调了法治与稳定的联系，指出"全面落实依法治国基本方略、加快建设社会主义法治国家，是促进社会和谐稳定、实现党和国家长治久安的必然要求"。

党和国家始终高度重视稳定问题，强调以法治保稳定促发展的统一。党的十八大以来，习近平总书记提出发展是硬道理，稳定也是硬道理，并深刻阐述了法治与稳定之间的密切关系。2018年，他在主持召开中央全面依法治国委员会第一次会议时郑重强调，全面依法治国具有基础性、保障性作用，在统筹推进伟大斗争、伟大工程、伟大事业、伟大梦想，全面建设社会主义现代化国家的新征程上，要加强党对全面依法治国的集中统一领导，坚持以全面依法治国新理念新思想新战略为指导，坚定不移走中国特色社会主义法治道路，更好发挥法治固根本、稳预期、利长远的保障作用。同时，维护社会稳定、实现国家长治久安必须抓好平安中国建设、法治中国建设。习近平总书记在针对政法工作的讲话中多次提到"平安中国""法治中国"。早在2013年1月，习近平总书记就要求"全国政法机关要顺应人民群众对公共安全、司法公正、权益保障的新期待，全力推进平安中国、法治中国、过硬队伍建设"。在党的十九大报告中，习近平总书记提出了"深化依法治国实践""打造共建共治共享的社会治理格局"的任务。2019年，习近平总书记出席中央政法工作会议并专门指出，"要善于把党的领导和我国社会主义制度优势转化为社会治理效能，完善党委领导、政府负责、社会协同、公众参与、法治保障的社会治理体制，打造共建共治共享的社会治理格局"。

▶ 平安中国、法治中国建设成就显著

维护社会稳定，平安是直接标准，法治是内在机制。建设平安中国，既包括社会治安的综合治理，也包括政治稳定的机制构建。政治稳定以权威和秩序的可持续性为内涵要求，外拒威胁、内护安全，是实现社会稳定的基础框架。没有政治稳定，一切稳定皆如空中楼阁。中国共产党根据对社会主要矛盾变化发展的判断，始终把维护稳定放在发展中国特色社会主义各项事业的重要位置，始终不忘法治在维护稳定中的重要作用。法治建设一直以稳健之力，逐步从立法、执法、司法乃至守法上，打造社会治安综合治理体制，打造政治稳定制度体系。

党的十八大以来，正如习近平总书记在2019年中央政法工作会议上所指出的，党中央把政法工作摆到更加重要的位置来抓，作出一系列重大决策，实施一系列重大举措，维护了政治安全、社会安定、人民安宁，促进了经济社会持续健康发展。平安中国和法治中国的建设措施与成就主要体现在以下几个方面。

维护国家政治稳定的能力显著提升。一方面，政治稳定首先依托国家安全。自2014年习近平总书记正式提出总体国家安全观以来，立法先行，《国家安全法》《反恐怖主义法》《网络安全法》等法律次第修订或出台，逐渐形成了维护国家安全的规范体系。如今，特大城市治理安全水平整体提升，特别是重大暴恐案件逐年下降。另一方面，政法机关以维护政治稳定为首要任务，齐力协作，在法治中国建设框架内很好地处理了改革发展稳定、民主和专政、活力和秩序、维稳和维权、矛盾纠纷源头治理和末端处理等关系，实现了习近平总书记曾经指出的"我国政治稳定、经济发展、社会和谐、民族团结，同世界上一些地区和国家不断出现乱局形成了

鲜明对照"。

社会治安综合治理水平显著提高。经济发展转型期，各类社会矛盾叠加，凸显了加强社会治安综合治理的急切需求。政法战线一手抓突出问题整治、一手抓社会治理创新，平安建设取得新成效。首先是系统治理、源头治理。50多年前浙江诸暨创造的"依靠群众就地化解矛盾"的"枫桥经验"，实现了从社会管制到社会管理再到社会治理经验的历史性飞跃，已成为全国政法战线的一面旗帜。其次是依法治理。经过不断努力，我国已形成了由两部法律、两部行政法规、24部部门规章、3部司法解释、11部党内法规、两部地方性法规等构成的社会综合治理法律法规体系。第三是智能化治理。在法治保障下，全国政法机关把握智能化建设时机，运用现代科技探索建设智慧法院、智慧检务、智慧公安，部署建设"雪亮工程"，提升了社会治安综合治理的现代化水平。

20世纪60年代初，浙江诸暨枫桥通过发动和依靠群众，坚持小事不出村、大事不出镇、矛盾不上交，就地化解矛盾，实现了"捕人少、治安好"，创造了"枫桥经验"。多年来，"枫桥经验"展现出历久弥新的魅力，成为全国政法综治战线的一面旗帜。图为诸暨市枫桥镇枫源村调解志愿者联合会接待室，调解志愿者正在为与邻居产生矛盾的村民调解，一番耐心解释后，这位村民消除了误会，满意而归。

中央政法委宣教局/供图

公平正义实现程度显著提高。公平正义是稳定的基础和价值纽带，它的实现程度直接关乎人民对法律的信赖程度，关乎社会大局的稳定。围绕"努力让人民群众在每一个司法案件中都能感受到公平正义"这一目标，法治政府建设稳步推进，2015年《法治政府建设实施纲要（2015—2020年）》和2019年《关于开展法治政府建设示范创建活动的意见》相继印发实施，进一步加大了以法治政府建设推动实现执法领域公平正义的力度。同时，司法体制改革蹄疾步稳，随着以审判为中心的刑事诉讼制度改革持续深化、民事诉讼"分流、调解、速裁"机制改革的加快推进，"基本解决执行难"阶段性目标如期实现，围绕全面落实司法责任制，加快推进司法体制综合配套改革，一个以高效权威、权责一致促进公平正义的司法体制日渐成形。

人民安全感显著增强。在国际上乱局变局交织、恐怖袭击和枪支犯罪频发的背景下，我国作为一个有近14亿人口的发展中大国，一直保持持续安全稳定的局面，这是一个很了不起的成就。据统计，2017年，我国每10万人中发生命案0.81起，是命案发生率最低的国家之一；严重暴力犯罪案件比2012年下降51.8%，重特大道路交通事故下降43.8%，形成了社会大局持续稳定、人民群众安全感明显增强的态势。与此同时，人民群众对社会治安满意度、对政法队伍满意度分别从2012年的87.55%、69.43%上升至2017年的95.55%、80.24%。正是基于这一鲜活的事实，习近平总书记在庆祝改革开放40周年大会上指出，"我国社会大局保持长期稳定，成为世界上最有安全感的国家之一"。

▶ 充分发挥以法治维护社会稳定的制度优势

在新时代，奋力建设更高水平的平安中国和法治中国，要加强党对全面依法治国的集中统一领导，坚定不移走中国特色社会主义法治道路，充分发挥我国坚持在中国共产党领导下以法治维护社会稳定的制度优势。

五大体系作支撑。一是形成强大的领导体系，中国共产党的集中统一领导，使法治维稳有先进理念，有高超谋略，有精细部署，有稳健落实，有力保证社会安定、发展有序。二是形成缜密的组织体系，从党和国家机构到群众团体、企业、社会组织，从中央到基层，横向到边纵向到底，依法打击犯罪、保持稳定处处有组织事事有人干。三是形成完整的权责体系，各级各类机构法定权力分工合理清晰，法定责任担当恰当明确，形成依法共建共治共享的协同局面。四是形成完备的制度体系，涉及国家安全的、刑事的、民事的、行政的、经济的法律法规和相关党内法规趋于完善，做到打击犯罪、化解矛盾有法可依有规可循。五是形成严密的监控体系，构建党内监督、国家监察、人大监督、民主监督、行政监督、监察监督、司法监督、审计监督、社会监督、舆论监督的完整体系，推进立体化社会治安防控体系建设，充分利用数字技术和人工智能，高效率实现领域监控、空间监控。

三大机制促成效。一是形成整体动员机制，无论常规工作还是专项工作，中央一旦作出决策，能够高效动员全社会力量开展统一行动，让令行禁止、立行立改成为常态。二是形成快速反应机制，注重关口前移、风险预判、见微知著、防微杜渐，有了矛盾能够及早发现，出了问题能够及时解决。三是形成严厉打击机制，运用法治严厉扫黑除恶、驱害压邪，让违法犯罪行为和邪恶势力没有藏身之地。

三大能量显神威。一是提升震慑能量，法治的惩处威力使挑战稳定和谐的行为不敢恣意妄为和明目张胆，整体上实现稳固的国家安全、社会安定、人民安宁。二是提升化解能量，法治的规范作用使许许多多社会矛盾得以及时化解，排除了影响稳定的隐患。三是提升矫正能量，法治的教化功能使许多罪犯去除罪错心理和行为恶习，社会消极因素变为积极因素。

▍坚持走中国特色社会主义社会治理之路

在中国共产党的坚强领导下，以法治铸就平安中国，在运用法治思维和法治方式维护国家安全、社会安定、人民安宁方面积累了许多宝贵经验。

坚持党的集中统一领导，实行在党的领导下厉行法治、依法治国的法治体制。通过坚持党领导立法、保证执法、支持司法、带头守法，致力于实现依法治国基本方略同依法执政基本方式的统一，实现党总揽全局、协调各方同人大、政府、政协、监察机关、审判机关、检察机关依法依章履行职能、开展工作的统一，实现党领导人民制定和实施宪法法律同党坚持在宪法法律范围内活动的统一。

为弘扬宪法精神，维护宪法尊严，树立宪法权威，2014年11月，十二届全国人大常委会第十一次会议作出决定，将12月4日设立为国家宪法日。图为2018年第五个宪法日，山东省烟台市福山区东厅中心小学学生在诵读学习宪法。　　　　新华社记者　孙文潭/摄

坚持人民主体地位，构建为了人民、依靠人民、造福人民、保护人民的法治体系。以保障人民权益为出发点和落脚点，逐步建立起完备的法律规范体系、高效的法治实施体系、严密的法治监督体系、有力的法治保障体系、完善的党内法规体系，形成科学立法、严格执法、文明司法、全民守法的局面，增强人民群众的获得感、幸福感、安全感。

坚持走中国特色社会主义社会治理之路，推动形成共建共治共享的社

会治理格局。完善党委领导、政府负责、社会协同、公众参与、法治保障的社会治理体制，创新完善平安建设工作协调机制，形成问题联治、工作联动、平安联创的良好局面。把"抓系统、系统抓"同"条块结合、以块为主"有机地结合起来，落实属地管理和谁主管谁负责的原则，各项措施落实到城乡基层，形成群防群治。

始终站在政治高度看待社会治安，把社会治安作为战略性、全局性、长远性的工作。确立社会秩序关大局、社会治安无小事的观念，为社会治安综合治理提供强大的领导保障、组织保障、制度保障、法律保障、政策保障、条件保障，确保这项工作落实得力。

坚持加强基层组织建设和制度建设，夯实社会治安综合治理的基础。创新组织和制度架构，优化完善城市社区区域化治理体系、郊区联动性治理体系、基层居村自治体系，推动资源和力量向基层倾斜，形成从城市到农村、从街镇到居村全覆盖的网络化管理。

坚持打击和防范并举，治标和治本兼顾，重在防范，重在治本。将社会治安综合治理作为严厉打击犯罪活动与教育、挽救、改造人相结合的系统工程，在建设情报信息网、基础防范网、视频监控网、网络管控网、打击整治网和区域协防网的基础上，综合运用政治的、经济的、行政的、法律的、文化的、教育的等多种手段，通过加强打击、防范、教育、管理、建设、改造等方面的工作，实现从根本上预防和治理违法犯罪。

坚持抓早抓小抓苗头，对社会矛盾进行源头预防。针对矛盾潜伏点，在基层建立社会矛盾网络化管理体系。通过及时排除隐患，定点锁住苗头，紧紧跟踪动态，实行专线防范，开展化解工作，使许多社会矛盾解决在萌芽状态，将纠纷消解于无形。

充分运用法律武器，搞好社会治安综合治理。不断完善各类法律、法规，为社会治安综合治理提供有力的法律武器和依据。把社会治安综合治理包含的打击、防范、教育、管理、建设、改造等各方面的工作纳入法治轨道。各级国家机关、社会团体、企业单位、事业单位依法办事，不断提高全体公民学法、知法、守法，运用法律武器同各种违法犯罪行为作斗争的水平。

  建设一支过硬的政法队伍，为法治维稳提供坚实力量。高度重视专门队伍建设，坚持革命化、正规化、专业化、职业化方向，努力打造一支信念坚定、执法为民、敢于担当、清正廉洁的新时代高素质政法队伍，使其在法治维稳中胜任冲锋陷阵、一往无前的骨干使命。

  在中国共产党的坚强领导下，法治中国建设有效地维护了多民族国家的政治安全、民族团结、社会稳定，平安中国建设的巨大成就为中国特色社会主义事业在改革开放中阔步前进提供了坚实基础和有力保障。

扫一扫：理上网来

求是专题

司法改革让人民群众感受公平正义

■ 施鹏鹏

施鹏鹏 中国政法大学证据科学研究院教授、博士生导师，最高人民法院访修学者，《证据科学》杂志编辑，中、法法学双料博士。可应用英、法、德、意、西、荷、葡、俄等多门外语从事学术研究，学术专长为司法制度、刑事诉讼法、证据法和比较法。在《法学研究》《中国法学》等发表论文和译文100余篇，自2004年起在海内外出版专著、译著6部，主持和主研国家及省部级项目近10个。

内容摘要：我国的司法体制建设日臻完善。"努力让人民群众在每一个司法案件中都感受到公平正义"的目标意味着，公平正义不仅要经得起法律文本和现实生活的检验，也要获得人民群众的认同。"让公平正义的阳光照耀人民心田"，我国司法体制改革的成效和特点十分显著：我国司法体制改革循序推进、逐步深入；以司法责任制为核心的"四梁八柱"改革框架初步建成；司法信息公开制度进一步建立健全；证据裁判理念不断深入发展为司法公正奠定坚实基础；人民陪审员、人民监督员改革拓宽公众参与司法途径；立案受案制度改革便利当事人获得救济；依托信息化技术推进司法便民利民措施。

我国司法制度是党领导人民在长期实践中建立和发展起来的，总体上与我国国情和我国社会主义制度是适应的。在建设中国特色社会主义法治的进程中，特别是党的十八大以来，我国的司法体制建设日臻完善，诸多改革举措的贯彻落实让司法工作向着"努力让人民群众在每一个司法案件中都感受到公平正义"的目标更进一步。习近平总书记强调指出："司法体制改革在全面深化改革、全面依法治国中居于重要地位，对推进国家治理体系和治理能力现代化意义重大。"

▶ 我国司法体制改革循序推进、逐步深入

早在20世纪80年代，我国的司法体制改革就拉开了序幕。最初改革主要以审判方式和司法职业化为主题，内容涉及审判公开、律师辩护、职业化法官和检察官队伍建设等多个领域。党的十八大以来，司法体制改革蹄疾步稳。2014年，随着党的十八届三中全会关于全面深化改革各项工作的推开，新一轮司法体制改革开启，改革紧紧围绕"努力让人民群众在每

中国共产党第十八届中央委员会第四次全体会议于2014年10月20日至23日在北京举行，会议通过了《中共中央关于全面推进依法治国若干重大问题的决定》。图为中央委员会总书记习近平作重要讲话。

新华社记者　兰红光 / 摄

一个司法案件中都感受到公平正义"的目标，牢牢把握司法为民、公正司法这条主线，全面推进各项司法工作。

"努力让人民群众在每一个司法案件中都感受到公平正义"，要实现这个目标也就意味着，公平正义不仅要经得起法律文本和现实生活的检验，也要获得人民群众的认同。司法体制改革的方向就是在严守结果公正的前提下，重点推进司法程序的规范性建设，增强人民群众对司法公正的认同感，提出实现"实体"与"程序"并重的"有益良方"。

▶ **司法责任制改革初显成效**

在中央政治局第二十一次集体学习时，习近平总书记强调，推进司法

司法改革让人民群众感受公平正义 / 213

体制改革，"要紧紧牵住司法责任制这个牛鼻子"，保证法官、检察官做到"以至公无私之心，行正大光明之事"。司法责任制改革是司法体制改革的"牛鼻子"。

自党的十八届三中全会以来，司法责任制成为司法体制改革工作的重中之重。党的十八届三中全会明确提出"让审理者裁判、由裁判者负责"，抓住了司法体制改革的关键，这也是让人民群众信赖司法的前提和基础。司法责任制改革以"让审理者裁判、由裁判者负责"为核心要义，要求员额法官、检察官必须办案，并建立办案质量终身负责制和错案责任追究制，同时完善监督管理机制和惩戒机制。相关改革服务于司法责任制的落实：司法人员分类管理旨在为办案法官、检察官设立准入门槛，遴选办案能力强、责任感强的司法人员进入员额，充实一线办案力量，提高法官、检察官的职业化水平，保障司法人员有足够的能力和良好的素质履行办案职责；司法人员职业保障旨在为法官、检察官依法独立、公正、高效履职解除后顾之忧，尤其是通过建立领导干部干预案件、内部人员过问案件记录制度减少对法官、检察官履职的外部干扰，为司法责任制改革的有序推进保驾护航。2018年，随着改革试点在全国各地推开，以司法责任制为核心的基础性改革已经初步完成。

▶ 司法信息公开制度进一步建立健全

2013年，为了贯彻落实审判公开原则，最高人民法院颁布了《关于人民法院在互联网公布裁判文书的规定》，以规范人民法院在互联网公布裁判文书的工作，"变被动公开为主动公开，变内部公开为外部公开，变选择性公开为全面公开，变形式公开为实质公开"，由此促进司法公正，提升司法公信力。同时，为进一步深化司法公开，最高人民法院还颁布了《关于推进司法公开三大平台建设的若干意见》，全面推进审判流程公开、裁判文书公开、执行信息公开三大平台的建设。三大平台分别依托于中国庭审公开网、中国裁判文书网以及中国执行信息公开网，全面公开审判、执行信息。

同时，庭审直播的做法不断推广，截至2019年7月18日，全国法院累计直播案件数量已超过400万件。裁判文书的全面、实质性公开使得文书内容受到大众监督，倒逼裁判者注重文书写作质量，尤其是裁判的说理性，从而使得裁判结果通过详尽阐释变得公开化、透明化，有利于提高判决公正性。截至2019年7月18日，中国裁判文书网上网文书共计近730万篇。

自2014年最高人民检察院颁布《人民检察院案件信息公开工作规定（试行）》以来，检务公开也进一步深化，有效地增强了检察机关执法办案的透明度，规范了司法办案行为。依托于"人民检察院案件信息公开网"，案件办理程序、重点案件信息以及法律文书均能够实现规范、及时地公开，且当事人可以借助该网站进行案件程序性信息查询、辩护与代理预约申请等，贯彻落实了案件信息公开的便民原则。

此外，在司法行政领域，狱务公开作为司法体制改革的重点之一也得到完善。2014年4月，司法部决定在山西、江苏等9个省（市）的11所监狱开展深化狱务公开试点工作。各试点充分利用现代科技手段，通过信息查询终端、电子显示屏、手机短信、政务微博、微信公众平台、服务热线等新媒体新手段，拓宽了公开渠道。2015年4月，司法部颁布《关于进一步深化狱务公开的意见》，明确了狱务公开的指导思想、原则、公开内容、方式方法等，以此进一步增强监狱执法透明度，促进执法公平公正，提升执法公信力。

▶ 证据裁判理念不断深入发展

虽然"以事实为依据，以法律为准绳"一直都是司法工作所遵循的一项重要原则，但是在长期的司法实践中，程序不规范一直困扰着案件实体的认定。究其原因，在于没有遵循证据裁判原则，没有对非法取证严格把关。只有通过合法程序取得证据才具有可采性，只有通过合法证据认定的事实才是裁判的依据。遵循证据裁判是保障裁判公正性感受的基础，也是确保裁判结果公正的前提。通过司法体制改革，证据裁判理念逐渐深入到证据取得、保存与运用的全过程。例如，公安机关在执法规范化建设中，也强调其作为侦查机关所应具有的证据意识，要求遵循证据裁判规则的要求，完善证据收集工作机制和非法证据排除规则。而在审判领域，遵循证据裁判原则、查明事实真相也是作出判决的必要前提。一些冤假错案得到平反，不少重大疑案亦进入复查、再审程序。这不仅体现出我国司法理念的进步，更为尽可能杜绝此类现象提供了制度保障，并且彰显了司法机关维护公平正义的决心，是"努力让人民群众在每一个司法案件中都感受到公平正义"的重要体现。

▶ 拓宽公众参与司法途径

司法体制改革必须为了人民、依靠人民、造福人民。人民陪审员制度是民主集中制在司法领域的重要体现，是公民参与司法、感受司法公正最直接的形式。公民作为陪审员亲自参与裁判过程，一方面彰显了司法的民主性，打破了职业法官的司法垄断，有助于公民深入了解裁判程序；另一方面也可以促进司法公正，弥补职业法官由于固化思维、知识短板等可能出现的判断偏差，使裁判合情、合理、合法。自2004年起，最高人民法院大力推进人民陪审员制度改革，不断细化有关人民陪审员选任、培训、补助、考核的规定，并在2013年进一步提出了两年内实现人民陪审员数量翻一番的"倍增计划"。到2014年底，全国人民陪审员共20.95万人，增加12.5万人，增幅为146.5%，到2015年"倍增计划"成功完成。2014年，党的十八届四中全会对人民陪审员制度进一步改革作出部署，以"保障公民陪审权利，扩大参审范围，完善随机抽选方式，提高人民陪审制度公信度。逐步实行人民陪审员不再审理法律适用问题，只参与审理事实认定问题"为内容推进改革试点工作。2018年4月27日，《中华人民共和国人民陪审员法》正式通过，针对人民陪审员制度作出了诸多创新性改革，特别是确立了二元陪审法庭：一是人民陪审员与法官职权相同的"三人合议庭"，二是人民陪审员仅对事实认定有表决权的"七人合议庭"。这

在中央苏区、延安时期，我们党探索了一套对苏维埃政府、边区政府和革命根据地人民政权组织及其工作人员的监督办法。上图为江西瑞金中华苏维埃共和国工农检察委员会旧址；下左图为当年江西兴国县高兴区苏维埃政府工农检察部设置的控告箱；下右图为《红色中华》报关于中央印刷厂等单位贪污案查处结果和检举于都县苏维埃工作人员营私贪污案的报道。

中共江西省赣州市委党史办 / 供图

种综合、折中的做法既吸收了诸多试点单位的有益经验，也保持了制度变革的延续性，具有相当的合理性。人民陪审员制度的不断完善，拓宽了公众参与司法的途径，同时也增加了裁判决策的民主化，提高了公众对于裁判结果的接受度和认可度。

此外，人民监督员制度是对检察权运行的有效外部监督制约机制，也是公众参与司法的重要途径。随着人民监督员试点工作的有序推进，2015年底，最高人民检察院出台《关于人民监督员监督工作的规定》，用以建立健全人民监督员制度，加强对人民检察院办理直接受理立案侦查案件工作的监督。2016年7月5日，司法部会同最高人民检察院出台《人民监督员选任管理办法》，以规范人民监督员选任和管理工作，完善人民监督员制度。2019年8月27日，最高人民检察院又颁布《人民检察院办案活动接受人民监督员监督的规定》，保障人民监督员对检察院各类办案活动履行监督职责，促进司法公正，提升司法公信力。

▶ 立案受案制度改革便利当事人获得救济

司法作为守卫公平正义的最后一道防线，是当事人请求解决纠纷的最终选择。在法院的立案登记制改革之前，许多当事人因为立案时的材料不符合审查标准而不能立案，导致其诉求无法得到及时审理与裁判，诉权无法及时实现。立案登记制改革之后，人民法院要以"有案必立、有诉必理，保障当事人诉权"为立案原则，最大限度地确保将当事人的争议纳入司法程序，以生效法律文书的形式回应当事人的诉请。

此外，人民群众在日常生活中也常常需要获得公安机关的公力救济。针对人民群众反映强烈的报案不接、接案后不受案不立案、违法受案立案等问题，公安机关也采取了有效措施加以解决。根据2015年11月4日《公安部关于改革完善受案立案制度的意见》，对于群众报案、嫌疑人投案、上级交办案件以及其他机关移送案件中属于公安机关管辖的，必须进行网上登记。涉嫌犯罪的，按照刑事案件进行立案审查；涉嫌行政违法的，按照行政案件进行受案审查。公安机关必须在法定的受案审查期限内完成审查、作出处理。这一受案立案制度改革有效地保护了当事人的权利，有助于改变群众对于政府机关不作为的偏激印象，增强了人民群众对于司法执法工作的信心。

▶ 依托信息化技术推进司法便民利民措施

在当前人民法院信息化建设中，利用大数据优势和建设多媒体平台成为公众及时有效获取审判信息的重要途径。目前，北京、杭州、广州已经成立互联网法院，立案工作24小时不"打烊"，当事人不仅可以直接上传起诉状、证据、辩论意见等审判材料，节省诉讼成本，而且还可以通过微信等平台网络开庭，缩短在途时间。在其他法院中，网络送达已经被列为当事人填写送达信息的可选项，当事人也可以通过网络查阅开庭信息和宣判信息。在北京法院的立案大厅，导诉机器人可以引导当事人立案，并且可以向当事人提供相关法律知识和信息。此外，在司法行政领域，线上平台也发挥了巨大的便民作用。例如，2016年"中国公证网"开设统一入口，启动了"公证业务在线受理"服务，力争实现"足不出户，公证到家"的便民利民目标。

公平正义是中国共产党追求的一个非常崇高的价值，全心全意为人民服务的宗旨决定了我们党必须追求公平正义，保护人民权益，伸张正义。在中国共产党的统一领导下，坚持和完善中国特色社会主义司法制度，深化司法体制改革，完善司法管理体制和司法权力运行机制，以实际行动维护社会公平正义，让人民群众切实感受到公平正义就在身边。而这，也正是广大人民群众从"中国发展奇迹"切身感受获得感的应有之义。

扫一扫：理上网来

《求是》在线读刊

中 国 稳 健 前 行

党　建

- 锻造中华民族伟大复兴的中流砥柱
- 中国共产党的伟大践行、捍卫与创新
- 理想信念坚定是中国共产党人的政治优势
- 勇于自我革命：中国共产党的鲜明品格

锻造中华民族伟大复兴的
中流砥柱

■ 曾　峻

> **曾　峻**　1997年毕业于复旦大学国际政治系，获政治学博士学位。现为中共上海市委党校副校长、教授。发表论文100余篇，出版学术著作9部，主持完成国家和省部级课题8项，8项学术成果获省部级以上奖励。先后被评为上海市劳动模范、全国先进工作者，入选上海市领军人才。

内容摘要：高度重视党的自身建设，是中国共产党克敌制胜、不断从胜利走向新的胜利的重要法宝。党在革命性锻造中更加坚强有力，焕发出新的生机活力，为党和国家事业发展提供了强大政治保证。在外部不稳定性不确定性因素增多的环境下，在国内经济社会需要破解一系列两难多难课题的情况下，中国改革发展稳定、内政外交国防各个领域保持稳步发展势头。把"党建第一责任"与"发展第一要务"有机统一起来，相互促进、相得益彰。全面从严治党呈现出来的新气象，党的建设取得的新成效，汇集起了全党9000多万党员以及近14亿中国人民的伟大智慧和磅礴力量，有力推动了中国特色社会主义事业稳健前行。

党的十八大以来，以习近平同志为核心的党中央作出全面从严治党重大战略部署，提出新时代党的建设总要求，坚持和加强党的全面领导，坚持以党的政治建设统领党的建设新的伟大工程，党在革命性锻造中更加坚强有力，焕发出新的生机活力，为党和国家事业发展提供了强大政治保证。新时代党的建设内涵丰富、特色鲜明，在取得历史性成就的同时深化了对马克思主义执政党建设规律的认识，成为全面从严治党向纵深发展的宝贵思想资源和精神财富。

▶ 党建新特点

高度重视党的自身建设，是中国共产党克敌制胜、不断从胜利走向新的胜利的重要法宝。新时代党的建设在继承历史上党的建设优良传统的过程中守正创新、锐意进取，展现出许多具有新的历史特点的新气象，在续写执政党建设新篇章方面留下浓墨重彩一笔。

坚持"两个革命"一体推进。党的十八大闭幕后不久，习近平总书记就向全党提出"打铁必须自身硬"要求,用简明、形象的表达揭示了新时代新目标新任务与党的建设之间的紧密联系。此后,全面从严治党纳入"四个全面"战略布局,成为全面建成小康社会、全面深化改革、全面依法治国的重要政治保证。党的十九大把进行伟大斗争、建设伟大工程、推进伟大事业、实现伟大梦想确立为新时代中国共产党人的历史使命,强调起决定性作用的是党的建设新的伟大工程。十九大之后,习近平总书记进一步提出,要在进行新的伟大社会革命同时不断推进党的自我革命。党的建设与社会主义现代化建设一体谋划,自我革命与社会革命联动推进,党的建设的思想立意更为高远,体现出治国理政与管党治党之间的内在逻辑。

坚持全面从严治党的总基调。全面从严治党,核心是加强党的领导,基础在全面,关键在严,要害在治。全面从严治党赋予管党治党新的时代特征。一是在范围上具有全面性。各级党组织、全体党员都负有管党治党的责任,也都是管党治党的对象;党的各个领域、各个环节的工作也都应纳入管党治党的视野。二是在实践上具有严格性。用严明的纪律、严密的组织、严厉的惩处、严肃的党内政治生活、严实的方法、严谨的制度,确保"从严"标准落实、落细、落小。三是在目标上具有坚定性。以踏石留印、抓铁有痕的恒心,以标本兼治的策略,力求达到"常治"和"长治"效果。

坚持把党的政治建设摆在首位。旗帜鲜明讲政治、聚精会神抓政治建设,是新时代党的建设的最显著特征。党的十九大把政治建设纳入党的建设总体布局并摆在首要位置,强化了政治建设的战略地位和牵引作用,抓住了全面从严治党的根本性问题。在党的政治建设各项任务中,坚决维护习近平总书记全党的核心、党中央的核心地位,坚决维护党中央权威和集中统一领导,是最为首要的任务。坚持和加强党的全面领导,不断完善党的领导的制度安排,坚持把党的领导贯穿到治国理政全过程、各方面,切实扭转党的领导被虚化、弱化、边缘化局面。坚持用党的政治建设统领其他方面的建设,把政治信仰作为思想建设的根本目标,把政治纪律和政治规矩作为最重要的纪律和规矩,把政治忠诚作为最大忠诚,把政治标准作为衡量党员的第一标准,把履行政治责任作为各级党组织的第一职责,把

党的十八大以来，在全面从严治党实践中，我们把党的政治建设摆在突出位置，把及时制定、修订党内法规作为党的政治建设的重要内容和抓手。党的十九大明确提出党的政治建设这个重大命题。上图为党的十九大修订的《中国共产党章程》和党的十八大后制定、修订的部分党内法规。

刘新武 / 摄

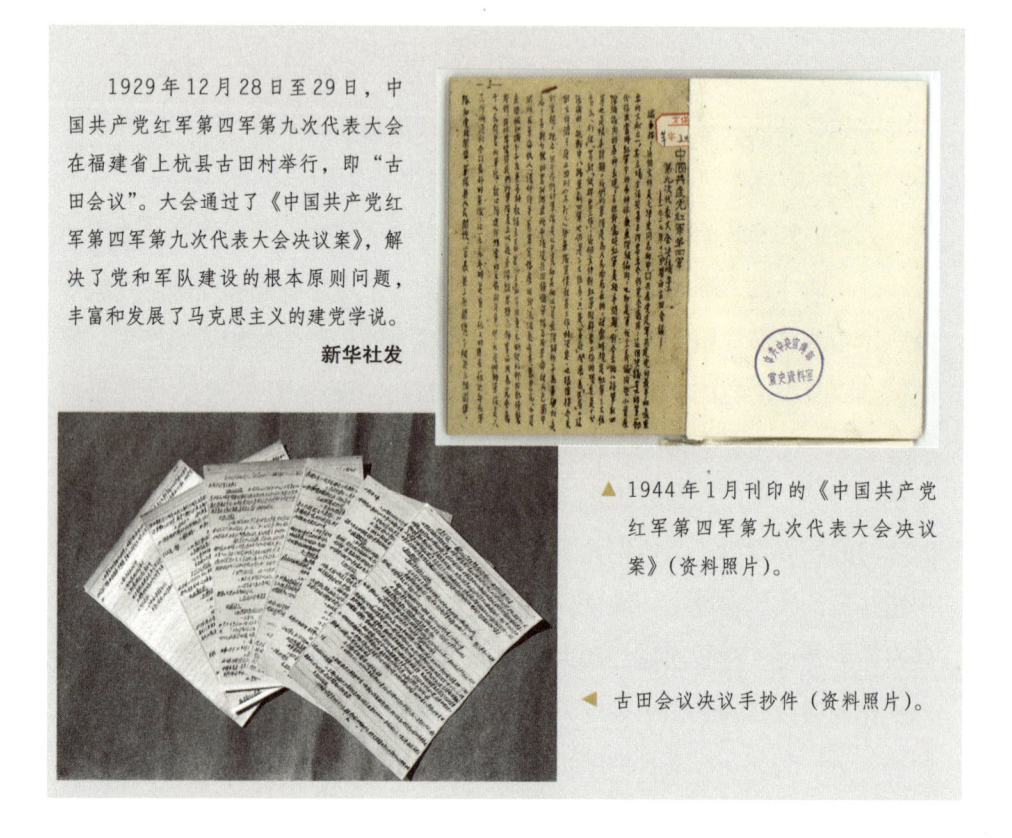

1929年12月28日至29日，中国共产党红军第四军第九次代表大会在福建省上杭县古田村举行，即"古田会议"。大会通过了《中国共产党红军第四军第九次代表大会决议案》，解决了党和军队建设的根本原则问题，丰富和发展了马克思主义的建党学说。

新华社发

▲ 1944年1月刊印的《中国共产党红军第四军第九次代表大会决议案》（资料照片）。

◀ 古田会议决议手抄件（资料照片）。

政治能力作为领导干部第一能力。

　　坚持用科学方法加强党的建设。党的十八大以来，党的建设不仅重视理论创新，而且重视思想方法和工作方法创新，促进党的建设决策部署落地生根、开花结果。一是注重问题导向。所有重大决策都从发现问题、直面问题入手，具有极强的现实针对性。党的建设各种要求都立足于党内存在的突出问题，充满强烈的忧患意识、使命意识和担当精神。二是突出"关键少数"。在抓好全体党员队伍建设的同时，把领导干部作为教育、管理和监督的重点，在领导干部中又聚焦主要领导干部、高级领导干部，发挥以上率下、引领示范的"头雁作用"。三是强化制度建设。全面从严治党既解决思想问题，也解决制度问题。以党章为根本遵循，适应新形势新情况，全面推动党内法规立改废释，系统构筑覆盖党的领导和党的建设的党内法规制度，形成党内监督和社会监督组成的全方位、立体化监督网络。四是保持战略定力。反复强调全面从严治党永远在路上、作风建设永远在路上、反腐败斗争永远在路上，始终保持全面从严治党的态度不变、力度不减，始终保持思想上的冷静清醒、增强行动上的勇毅执着，不断把全面从严治党引向深入。

▶ 党建新作为

　　党的十八大以来，正如习近平总书记指出的，党和国家事业取得的成就"是全方位的、开创性的"，实现的变革"是深层次的、根本性的"，"解决了许多长期想解决而没有解决的难题，办成了许多过去想办而没有办成的大事，党和国家事业发生历史性变革"。

　　党的领导更加坚强有力。坚持和加强党的全面领导，成为新时代党的建设乃至整个中国政治生活中的重大举措。关于党的领导的理论阐释、制度安排、具体实践，无论认识高度上还是实施广度、力度上都达到前所未有的水平。坚持党对一切工作的领导，党的领导转化为强大的政治优势、制度优势、组织优势、工作优势。在强化党的领导过程中，坚持发挥"总揽全局、协调各方"作用,坚持民主执政、依法执政、科学执政,提高把方向、谋大局、定政策、促改革的能力和定力,党的领导更加适应实践、时代、人民的要求。

"四个意识"更加自觉坚定。全党的政治意识、大局意识、核心意识、看齐意识不断增强,"两个维护"的自觉性不断增强,自觉在思想上政治上行动上向以习近平同志为核心的党中央看齐,向党的创新理论和路线方针政策看齐,向党中央的重大决策部署看齐。增强"四个意识"、树立"四个自信"、做到"两个维护",有效防范与克服了"各自为阵""各自为政"现象,巩固了全党的团结统一,增强了党的凝聚力、向心力、战斗力。

党的政治建设扎实有效。把党的政治建设作为一根红线贯穿到党的建设各项工作之中,颁布党的历史上第一个关于加强党的政治建设的专门意见,把党的政治建设落到实处并取得实效。通过加强党的政治建设,解决好"为谁干""干什么""怎么干"问题,各项具体工作的目的更纯正、目标更清晰、方法更得当。通过加强党的政治建设,党内政治生活气象更新,健康向上的党内政治文化得以再现,广大党员、干部干事创业拥有更加风清气正的政治生态。

反腐败斗争取得压倒性胜利。针对我们党面临的最大威胁、人民群众最痛恨的毒瘤,我们党以猛药去疴、重典治乱的决心,以刮骨疗毒、壮士断腕的勇气,"打虎""拍蝇""猎狐"一起行动,"不敢腐""不能腐""不想腐"的机制协同构建,消除腐败"存量"和遏制腐败"增量"一并发力,在短短数年时间里取得了反腐败斗争的压倒性胜利,赢得了党心民心,赢得了国际社会广泛赞誉,为全球解决腐败问题提供了中国经验。

作风建设成效显著。曾几何时,公款吃喝、公车私用、形式主义、官僚主义、享乐主义、奢靡之风等严重损害党的形象,侵蚀党执政的群众基础。党的十八大以来,我们党以严格落实"八项规定"精神为切入点,以党的群众路线教育实践活动、"三严三实"专题教育、"两学一做"学习教育和"不忘初心、牢记使命"主题教育为结合点,以整治"四风"、践行

2017年3月9日,赣南采茶戏《永远的歌谣》在北京上演。"苏区干部好作风,自带干粮去办公,日着草鞋分田地,夜打灯笼访贫农……"这首脍炙人口的山歌《苏区干部好作风》,生动地记载了当年苏区干部艰苦奋斗、密切联系群众、真心实意为人民群众谋利益的感人事迹,表达了苏区人民对苏区干部好作风发自内心的赞扬。

新华社记者　陈晔华/摄

群众路线、开展调查研究为着力点,深入整治作风,长期困扰着我们的不正之风迅速得到遏制,党同人民群众的血肉联系更加紧密,并带动了政风、社会风气等各方面的好转。

党员队伍和党组织素能整体提升。经过7年淬炼,9000多万党员和460多万个党组织总体素质实现新跃升。党员的理想信念更加坚定,理论武装更加有力,党性修养更加过硬。部分党组织软弱涣散状况得到扭转,各级党组织"两个维护"的坚定性,履行党的建设和全面从严治党责任的自觉性，贯彻党中央决策部署的执行力，团结带领党员、群众的组织力，都进一步得到提高，奠定了新时代党的建设的坚实组织基础。

全面从严治党呈现出来的新气象，党的建设取得的新成效，有力推动了中国特色社会主义事业的新发展。在外部不稳定性不确定性因素增多的环境下，在国内经济社会需要破解一系列两难多难课题的情况下，中国改革发展稳定、内政外交国防各个领域保持稳步发展势头，正为决胜全面建成小康社会作最后冲刺。这些成绩的取得，归根结底在于有以习近平同志为核心的党中央的坚强领导，在于有习近平新时代中国特色社会主义思想的科学指导，在于党的建设汇集起了全党9000多万党员以及近14亿中国人民的伟大智慧和磅礴力量。

▌▶ 党建新启示

新时代党的建设给我们党带来的革命性变革，给我们党的事业带来的革命性变革，充分证明了党的十八大以来党中央关于全面从严治党伟大决策和实践的科学性、正确性，为当前和今后加强党的建设积累了宝贵经验，提供了有益启示。

必须发挥党的领导的政治优势。凝聚各方共识，擘画未来发展蓝图，确保前进航向不偏不离，应对前行道路上的各种风险和挑战，都必须进一步发挥好党的领导作用。坚持党对一切工作的领导，要进一步提高党员干部的政治站位，深刻理解中国共产党领导是中国特色社会主义最本质特征、是中国特色社会主义制度最大优势、是最高政治领导力量等重大论断，在坚持党的领导这个决定党和国家前途命运的重大原则问题上，始终保持高度的思想自觉、政治自觉、行动自觉。要进一步完善党的领导的体制机制，用制度确保"两个维护"，用制度确保党的领导贯彻和体现到各个层面、各个领域。要全面增强以政治领导能力为重点的执政本领建设，做到既敢于领导又善于领导、既政治过硬又本领高强，把"党建第一责任"与"发展第一要务"有机统一起来，相互促进、相得益彰。

必须不断推进党的自我革命。全面从严治党的实践证明，我们党自我净化的机制是有效的，完全有能力解决自身存在的问题，世界第一大政党在解答自我监督这个世界性难题上给出了中国答案。全面从严治党最大的成果之一，就是我们找到了实现自我革命的路径，这就是自我净化、自我完善、自我革新、自我提高，依靠自身力量发现问题、纠正偏差、推动创新、实现执政能力整体性提升。继续推进党的自我革命，要用宏伟目标与初心使命激励全党永不懈怠、永远奋斗。习近平总书记提醒全党，我们千万不能在一片喝彩声、赞扬声中丧失革命精神和斗志，逐渐陷入安于现状、不思进取、贪图享乐的状态，而是要牢记船到中流浪更急、人到半山路更陡，把不忘初心、牢记使命作为加强党的建设的永恒课题，作为全体党员、干部的终身课题。继续推进党的自我革命，一方面要勇于清除侵蚀党的健康肌体的病毒和毒瘤，巩固反腐败斗争和作风建设成果；另一方面，要不断完善党内法规制度，用好巡视利剑，强化党内问责，健全党和国家监督体系，把制度的笼子扎得更密更牢。

必须全面提高党的建设质量。党的十九大报告提出，要不断提高党的建设质量。习近平总书记指出，提高党的建设质量，是党的十九大总结实践经验、顺应新时代党的建设总要求提出的重大课题。新时代是强起来的时代，实现强起来、建设社会主义现代化强国，各方面发展都要从数量规模型向质量效益型转变，把质量放在更加重要的位置。强国必先强党，强党重在质量。进一步推进党的建设新的伟大工程，同样必须更加重视提高质量水平，克服重形式轻内容、重过程轻结果、重数量轻质量的"低效党建""无效党建"等现象，使党的建设各项工作取得更大实效。质量强党，还需要弘扬改革创新精神，推进理念思路创新、方式手段创新、基层工作创新，创造性开展工作，使党的建设始终走在时代前列并引领时代发展。

必须与时俱进地解决新问题。全面从严治党成效巨大，但远未到大功告成的时候。"四种考验"是长期的、复杂的，"四大危险"是尖锐的、严峻的，思想不纯、政治不纯、组织不纯、作风不纯等问题尚未得到根本解决。因此，不能有任何松口气、歇歇脚的念头。在解决老问题的同时，必须注意新情况、解决新问题。在全面从严治党高压态势下，腐败的手法更加隐蔽，违背"八项规定"精神的活动"转入地下"，官僚主义、形式主义出现"变种"，基层无谓的负担过重，部分干部"不作为""慢作为"问题日渐突出，少数党员缺乏应有的精气神。所有这些，都需要进行认真的"会诊把脉"并开出可行的"药方"。

总之，新时代党的建设特色鲜明、成效显著、启示深刻。我们坚信，在以习近平同志为核心的党中央坚强领导下，党的建设一定会取得新的更大成就，党的自我革命一定会更有力地推动新的社会革命，我们一定能够把党建设成为始终走在时代前列、人民衷心拥护、勇于自我革命、经得起各种风浪考验、朝气蓬勃的马克思主义执政党。全面从严治党呈现出来的新气象，党的建设取得的新成效，汇集起了全党9000多万党员以及近14亿中国人民的伟大智慧和磅礴力量，中国共产党将通过自我革命锻造成为中华民族伟大复兴的中流砥柱，领导中国特色社会主义事业稳健前行。

扫一扫：理上网来

理论图解专栏

中国共产党的伟大践行、捍卫与创新

■ 张国祚

张国祚 教授、博士、博士生导师，中央马克思主义理论研究和建设工程首席专家、国家教材委员会（马工程）专家，现任中国文化软实力研究中心主任、国家文化软实力研究协同创新中心主任、《文化软实力》期刊主编、湖南大学马克思主义学院院长。在《人民日报》《求是》《光明日报》《经济日报》《红旗文稿》等报刊上发表文章270多篇，出版专著《中国文化软实力研究论纲》《理论思维与文化软实力》《科学独立史论》等，主编"中华骄子""中国文化软实力研究""中国文化软实力发展报告"等4套丛书共34卷。参与理论电视片《社会主义有点潮》主创工作并担任主讲嘉宾。

内容摘要：中国共产党带领中华民族成功地走上了社会主义道路，肩负起科学社会主义伟大践行者、捍卫者、创新者的神圣使命。在新中国成立初期，中国共产党为科学社会主义在中国的发展奠定了制度基础和政治理论前提；在改革开放初期，中国共产党为发展中国特色社会主义开辟了一条前无古人的正确之路；面对苏东剧变严峻的国际形势，中国共产党高举中国特色社会主义伟大旗帜不动摇；党的十八大以后，中国共产党充分发挥理论创新和制度优势，使科学社会主义在中国焕发出强大的生机和活力，让21世纪中国的马克思主义展现出更强大、更有说服力的真理力量。

新中国的70年，是久经磨难的中华民族实现从站起来、富起来到强起来伟大飞跃的历史进程。面对这无与伦比的沧桑巨变，全世界都在惊叹中思考：为什么世界上人口最多、一穷二白的旧中国能迅速崛起、大踏步走向中华民族伟大复兴？在唯物史观看来，这个伟大变局是诸多复杂因素的合力铸就的。而在这些复杂因素中，最重要的就是中国共产党的领导和社会主义制度的确立。换言之，是中国共产党为了救亡图存，带领中华民族成功地走上了社会主义道路，肩负起科学社会主义伟大践行者、捍卫者、创新者的神圣使命。自新中国成立以来，在中国共产党的领导下，科学社会主义在中国不断焕发出新的生机和活力。

▶ **新中国成立初期，中国共产党为科学社会主义在中国的发展奠定了制度基础和政治理论前提，作出了不可磨灭的巨大贡献**

新中国成立后，以毛泽东同志为核心的党中央带领全党全国人民创造性地完成了由新民主主义革命向社会主义革命的转变，使中国这个占世界

1956年4月25日,毛泽东同志在中共中央政治局扩大会议上发表了《论十大关系》的讲话。这篇讲话以苏联的经验为鉴戒,总结了中国的经验,提出了调动一切积极因素为社会主义事业服务的基本方针,对适合中国情况的社会主义建设道路进行了初步的探索。5月2日,毛泽东同志在最高国务会议上,又一次对"十大关系"作了系统的阐述。图为1956年5月2日,毛泽东同志在最高国务会议上作《论十大关系》的讲话。

新华社 / 发

四分之一人口的东方大国进入了社会主义社会,成功实现了中国历史上最深刻最伟大的社会变革。这是对科学社会主义在中国创新发展的一大贡献。正如习近平总书记在纪念毛泽东诞辰120周年座谈会上的讲话中所说:"新民主主义革命的胜利,社会主义基本制度的确立,为当代中国一切发展进步奠定了根本政治前提和制度基础。"

以毛泽东同志为主要代表的中国共产党人,团结带领全党全国各族人民,在社会主义革命和建设中取得的独创性理论成果和巨大成就,为在新的历史时期开创中国特色社会主义提供了宝贵经验、理论准备和物质基础。例如在《论十大关系》中,毛泽东同志始终提倡解放思想、实事求是的精神,并指出:"应当承认,每个民族都有它的长处,不然它为什么能存在?为什么能发展?同时,每个民族也都有它的短处。有人以为社会主义就了不起，一点缺点也没有了。哪有这个事？应当承认，总是有优点和缺点这两点。""外国资产阶级的一切腐败制度和思想作风，我们要坚决抵制和批判。但是，这并不妨碍我们去学习资本主义国家的先进的科学技术和企业管理方法中合乎科学的方面。工业发达国家的企业，用人少，效率高，会做生意，这些都应当有原则地好好学过来，以利于改进我们的工作。"

在改革开放初期，中国共产党为发展中国特色社会主义开辟了一条前无古人的正确之路

改革开放之初，面对当时相对落后的生产力和生活状况，人们不得不思考：究竟什么是社会主义？怎样建设社会主义？针对这些时代之问，邓小平同志给予了科学阐释。1987年党的十三大把"一个中心，两个基本点"即"坚持以经济建设为中心，坚持四项基本原则，坚持改革开放"作为党在社会主义初级阶段的基本路线正式提出。

坚持以经济建设为中心，是解放生产力发展生产力之必需，充分体现了社会主义本质的要求，是夯实社会主义物质基础之必需，是提高综合国力之必需，是提高人民生活水平之必需，是解决我国现阶段社会主要矛盾的根本途径。四项基本原则是立国之本，是社会主义现代化建设的根本政治保证，是党和国家生存发展的政治基石。只有坚持四项基本原则，才能确保坚持中国共产党的领导不动摇，坚持科学社会主义方向不迷航。坚持改革开放，即在坚持社会主义基本制度的前提下，对不适应于社会主义进一步发展的旧体制机制实行变革，促进国家各项事业的发展始终充满活力，有利于不断解放和发展生产力；对外开放既顺应世界经济发展趋势的客观要求，也有利于加强国际交流合作，有利于引进外国先进的科学技术、管理经验和资金资本，因此，改革开放是强国之路。事实证明，改革开放使科学社会主义在新的历史条件下，加快了对人类文明积极成果的吸取，同时使中国经济实现了高速增长。

面对苏东剧变严峻的国际形势，中国共产党高举中国特色社会主义伟大旗帜不动摇，给世界社会主义运动带来希望

20世纪80年代末90年代初的苏东剧变，使社会主义运动跌入前所未有的低谷。美国前总统尼克松发表了著作《1999不战而胜》，美国前总统安全顾问布热津斯基发表了著作《大失败》，都在预言社会主义将在全世界彻底失败。美籍日裔学者弗兰西斯·福山发表了《历史的终结》，认为社会主义"集权国家"都将失败，西方国家实行的"自由民主制度"也许是"人类意识形态发展的终点"和"人类最后一种统治形式"。这本著作成了苏东剧变后西方从理论上唱衰社会主义的代表作。一时间，"中国这面红旗到底还能打多久？"成了人们普遍的疑问。科学社会主义在中国的命运伴随"中国崩溃论"的鼓噪，不时引起党内外、国内外同志和朋友的忧虑。然而，中国共产党不畏浮云遮望眼，对社会主义和共产主义的理想信念始终坚定不移，在科学社会主义探索的道路上不断迈出大步，使世界社会主义运动走出低谷而凸显出强大的生命力。

在中国共产党的坚强领导下，中国特色社会主义伟大旗帜不但没倒，反而越举越高，越来越光彩夺目。还是那位1992年发表的《历史的终结》的弗兰西斯·福山，20年后的2012年，他又在美国《外交事务》上发表了《历史的未来》，一改唱衰社会主义的基调，甚至成了"中国模式"的推崇者。他写道："中国继承了两千多年的高效行政系统，历史悠久，令国人自豪。中国领导人进行了一次异常复杂的社会转型，从苏联式的中央集权计划经济转为充满活力的开放经济，并且体现了惊人的政治能力——坦率地说，比最近美国领导人处理宏观经济的能力要高得多。许多人现在倾慕中国体制，不只是因为其经济成就，还因为该国能够及时作出宏大而复杂的决策，这与近些年美国和欧洲令人气恼的决策无能现象形成鲜明对照。"显然福山20年前后对中国体制的褒贬态度发生了一百八十度的大转弯，这凸显了中国特色社会主义的巨大优越性，曾经唱衰社会主义的福山也不得不改变了自己的看法。

> 党的十八大以后，中国共产党充分发挥理论创新和制度优势，使科学社会主义在中国焕发出强大的生机和活力

从国际政治格局来看，中国作为负责任的大国积极参与国际多边合作组织，所发挥的作用越来越大，在许多重大的国际问题上，中国的话语权越来越有分量。奥巴马的"亚太再平衡战略"、特朗普的"印太战略"及其气势汹汹的"贸易战"威胁，其实都是美国面对日益强大的中国越来越心虚、越来越不自信的表现。世界依然处在多极化的进程中，但中国在"多极化"中所处的地位、所发挥的作用、所产生的影响已经今非昔比，变得日益举足轻重，在风云变幻、波谲云诡的国际政治格局中彰显出中国特色社会主义的政治优势。

从国际经济发展趋势来看，中国已经成了世界经济发展的至关重要的引擎。特别是习近平总书记提出的"一带一路"倡议和"构建人类命运共同体"主张，为经济全球化提供了合作共赢的全新方案，赢得了世界绝大多数国家的赞同。与此同时，以往作为"世界领袖"的美国却打起了"贸

2018年11月7日，中俄联合研制的远程宽体客机CR929的1:1样机亮相第十二届中国国际航空航天博览会。　　　　　　　　　　　新华社记者　梁　旭/摄

易保护主义"的小旗,成为经济全球化的阻碍者。世界仍然处在经济全球化进程中,但中国已经从全球化的"后来者"一跃而成为"领跑者",彰显出中国特色社会主义经济的竞争优势。

从国内发展来看,党的十八大以来,以习近平同志为核心的党中央,带领全党全国人民立足中国国情,坚定不移、百折不挠地沿着科学社会主义方向大胆探索、奋勇前进,不断创造出新的辉煌。一是经济建设取得重大成就。我国经济一直保持中高速增长,对世界经济增长的贡献率超过美国、欧元区国家和日本的总和达到30%,对外贸易、对外投资、外汇储备稳居世界前列。二是民主法治建设迈出重大步伐。全面从严治党不断提高党的领导能力和执政水平;中国特色社会主义法治体系日益完善,权力运行制约和监督体系建设开始有效实施。三是中国特色社会主义文化建设取得重大进展。中华优秀传统文化和革命文化不断弘扬,社会主义先进文化大力发展。社会主义核心价值观广泛培育和践行,公共文化服务水平不断提高,文艺创作持续繁荣,文化事业和文化产业蓬勃发展,互联网建设管理运用不断完善,主旋律更加响亮,正能量更加强劲,中国文化软实力大幅提升,共产主义远大理想和中国特色社会主义共同理想逐步成为全社会的精神引领。四是和谐社会建设成效明显。党的十八大以后,不断改善人民生活,促进共同富裕,城乡居民收入增速超过经济增速,中等收入群体持续扩大。覆盖城乡居民的社会保障体系基本建立,人民健康和医疗卫生水平大幅提高,保障性住房建设稳步推进,中国特色社会主义福利保障体系日益完善。五是生态文明建设成效显著。"绿水青山就是金山银山"的理念越来越深入人心,生态文明建设和保护的制度体系逐步形成。生态环境治理明显改善,中国成为全球生态文明建设的重要参与者、贡献者、引领者,极大地丰富了科学社会主义的生态理论。六是全面深化改革取得重大突破。全面深化改革使社会主义原则更加符合实际、更加富有生命力,使科学社会主义的发展活力和创新活力空前迸发出来。七是全面从严治党成效卓著。全党政治意识、大局意识、核心意识、看齐意识不断增强,党的政治纪律和政治规矩更加严明，党内法规制度体系不断完善，"打虎""拍蝇""猎狐"极大地净化了党内政治生态。

▎习近平新时代中国特色社会主义思想极大地丰富发展了科学社会主义的理论和实践，习近平同志的领导核心地位日益深入党心军心民心

科学社会主义之所以能在21世纪的中国焕发出强大的生机和活力，最主要是因为中国共产党不忘初心、牢记使命，不断把马克思主义基本原理同中国实际相结合，为中国人民谋幸福，为中华民族谋复兴，为世界人民谋大同，不断创造和丰富发展中国化马克思主义、中国化的科学社会主义。

党的十八大以后，以习近平同志为核心的党中央敏锐地注意到我国社会的主要矛盾已经从"人民日益增长的物质文化生活需要同落后的社会生产之间的矛盾"转化为"人民日益增长的美好生活需要同不平衡不充分的发展之间的矛盾"。改革开放以来所积累起的收入分配差距拉大、环境污染、党内腐败、社会治安和精神文明问题等与"人民日益增长的美好生活需要"是相背离的。化解这个新时代社会主要矛盾，必须解决那些问题，必须回答新时代的时代主题。这个新时代的时代主题要求，已经不是一般地回答"什么是社会主义和怎样建设社会主义"，已经转化为"我们究竟应该坚持和发展什么样的中国特色社会主义、怎样坚持和发展中国特色社会主义"。以习近平同志为核心的党中央坚持马克思主义唯物史观，提出了"八个明确"和"十四个坚持"，全面系统地回答了新时代的时代主题，取得了举世瞩目的全方位的、开创性的伟大成就，推动党和国家事业取得历史性伟大变革。这些伟大成就和伟大变革，对党和国家事业发展具有重大而深远的影响，极大地丰富了中国化马克思主义理论，形成了习近平新时代中国特色社会主义思想，使中国特色社会主义伟大旗帜在全世界越举越高，使中国共产党和中国人民对中国特色社会主义道路、理论、制度和文化越来越自信，给全世界的马克思主义者越来越大的鼓舞，使科学社会

主义在21世纪的中国伴随中华民族的伟大复兴而迎来了自己的伟大复兴。

历史一再表明，确立和维护无产阶级政党的领导核心，历来是马克思主义建党学说的一个基本原则和策略。马克思说过："一个单独的提琴手是自己指挥自己，一个乐队就需要一个乐队指挥。"毛泽东同志历来强调集中统一领导，他指出："要建立领导核心，反对'一国三公'。"邓小平同志说得更明确："任何一个领导集体都要有一个核心，没有核心的领导是靠不住的。"建设中国特色社会主义是前无古人的伟大事业，实现中华民族伟大复兴是非常艰巨的历史使命，都需要全民族统一思想、凝心聚力，都需要拥有一心为民、才能杰出、勇于担当、英明远见、求真务实、威望崇高的领袖；尤其是像我们这样一个领导近14亿人口和9000多万党员的大党，必须拥有这样的领导核心。没有这样的领导核心，党中央的权威就很难树立起来，全党的团结统一就很难实现，全国各族人民的凝心聚力就无从谈起，就会导致政令不畅通、步调不一致，各行其是、各自为政，就会冒出很多政治"山头"、政治"码头"、政治"圈子"，极端个人主义、自由主义、两面派、"两面人"就会大行其道，甚至重蹈"一盘散沙"，那就什么事情都干不成。

党的十八届六中全会正式确立习近平总书记党中央的核心、全党的核心地位；党的十九大把习近平总书记党中央的核心、全党的核心地位写入党章，这是历史和人民的共同选择、全党全军的共同选择。以习近平同志为主要代表的当代中国共产党人无愧为科学社会主义的伟大践行者、捍卫者、创新者，使科学社会主义在中国放射出巨大的魅力，让21世纪中国的马克思主义展现出更强大、更有说服力的真理力量。

理想信念坚定是中国共产党人的政治优势

■ 龚 云

龚 云 中国社会科学院中国特色社会主义理论体系研究中心副主任、中国社会科学院习近平新时代中国特色社会主义思想研究中心执行副主任、世界社会主义研究中心副主任、中华人民共和国史学会理事、中国无神论学会副理事长、国家马克思主义理论研究和建设工程重大课题首席专家、中央马克思主义理论研究和建设工程重点教材《中国近现代史纲要》(2018年修订版)主要成员。主要研究方向为中国特色社会主义理论与实践、党史党建。在《人民日报》《求是》《光明日报》《马克思主义研究》等报刊发表学术论文100余篇，出版个人专著8部。

内容摘要：中国共产党是一个信仰结合体，是一个具有崇高理想和坚定信仰的马克思主义政党。中国共产党人的理想信念，是马克思主义真理信仰、共产主义远大理想和中国特色社会主义共同理想。中国共产党人的理想信念具有科学性、进步性、现实性的特点，是建立在马克思主义科学真理的基础之上，建立在马克思主义揭示的人类社会发展规律的基础之上，建立在马克思主义指明的为最广大人民谋利益的崇高价值的基础之上。理想信念指明了中国共产党前进的根本方向，提供了中国共产党勇往直前的精神动力，提升了中国共产党人的精神境界，是中国共产党人团结奋斗的思想灯塔。

中国共产党是一个信仰结合体，是一个具有崇高理想和坚定信仰的马克思主义政党。中国共产党人的理想信念，是马克思主义真理信仰、共产主义远大理想和中国特色社会主义共同理想。理想信念是中国共产党精神上的"钙"。理想信念是中国共产党永葆无产阶级政党本色的源泉所在，是中国共产党不忘初心、牢记使命的根本所在。

中国共产党理想信念的特点

中国共产党人理想信念的科学性。马克思主义是科学的理论，创造性地揭示了人类社会发展规律，揭示了人类社会发展的一般规律，揭示了资本主义运行的特殊规律，为人类指明了从必然王国向自由王国飞跃的途径，为人民指明了实现自由和解放的道路。马克思主义揭示的人类社会最终走向共产主义的必然趋势，奠定了共产党人坚定理想信念、坚守精神家园的理论基础。无数共产党人，无论是顺境还是逆境，始终坚定自己的理想信念不动摇，为自己选定的共产主义信仰笃行终生。周恩来同志就是不忘初心、坚守信仰的精神楷模。他在确立共产主义信仰时就说过："我认的主义一定是不变了，并且很坚决地要为它宣传奔走。"他还说过："在任何艰难困苦的情况下，都要以誓死不变的精神为共产主义奋斗到底。"20世纪八九十年代发生苏东剧变时，邓小平曾指出："马克思主义是打不倒的。打不倒，并不是因为大本子多，而是因为马克思主义的真理颠扑不破。""我坚信，世界上赞成马克思主义的人会多起来的，因为马克思主义是科学。""不要惊慌失措，不要认为马克思主义消失了，没用了，失败了，哪有这回事！"

中国共产党人理想信念的进步性。马克思主义是人民的理论，第一次创立了人民实现自身解放的思想体系，指明了依靠人民推动历史前进的人间正道。作为新时代中国共产党人精神旗帜和理想信念基础的习近平新时代中国特色社会主义思想，充满着对马克思主义的坚定信仰，充满着对社会主义和共产主义的坚定信念，表达了为中国人民谋幸福、为中华民族谋复兴、为世界谋大同的情怀，坚守了中国共产党人为人民谋幸福的初心、承载了中国共产党人为民族谋复兴的使命、担当了中国共产党人为世界谋大同的责任，展现了新时代中国共产党人的政治品格、价值追求、精神风范。

中国共产党人的理想信念的现实性。马克思主义是实践的理论，指引着人民改造世界的行动，为人民认识世界、改造世界提供了强大精神力量。马克思主义的唯物史观为共产党人实现理想信念提供了科学的思想武器，指明了实现理想信念所依靠的力量和现实道路。习近平新时代中国特色社会主义思想，作为当代中国马克思主义、21世纪马克思主义，为中国共产党人坚定理想信念指明了方向、路径。习近平新时代中国特色社会主义思想还指出，当前衡量一名党员干部是否具有坚定的理想信念，是有客观标准的，那就是看他是否能在重大政治考验面前有政治定力，是否能树立牢固的宗旨意识，是否能对工作极端负责，是否能做到吃苦在前、享受在后，是否能在急难险重面前勇挑重担，是否能经得起权力、金钱、美色的诱惑，这样的检验需要一个过程，不是一下子、经历一两件事、听几句

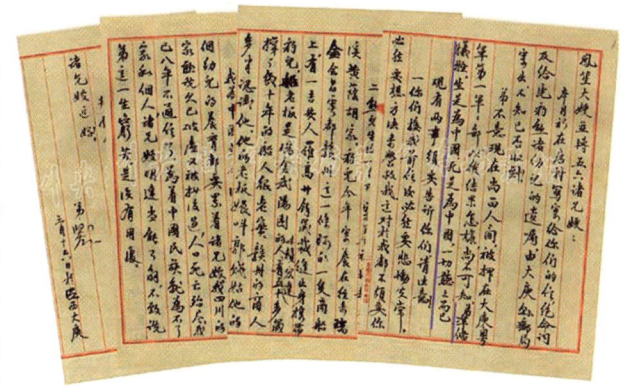

1935年3月，赣南军区政治部主任刘伯坚在突围时不幸负伤被捕，壮烈牺牲。左图为刘伯坚的照片，右图为刘伯坚给亲属的遗书。潇洒的笔迹中"生是为中国，死是为中国""为着中国民族，就为不了家和个人"的豪言壮语，今天看来依然感人至深，充分表达了一个共产党人坚定的革命信仰和催人泪下的家国情怀。

新华社 / 发

口号就能解决的，要看长期表现，甚至看一辈子。这就为检验中国共产党人是否坚定理想信念提供了明确的标准。

理想信念不可能凭空产生，也不可能轻而易举坚守。中国共产党人始终不渝坚定理想信念，炼就"金刚不坏之身"，就要深入学习马克思列宁主义、毛泽东思想、邓小平理论、"三个代表"重要思想、科学发展观，深入学习习近平新时代中国特色社会主义思想，推动理想信念教育常态化、制度化，让真理武装我们的头脑，让真理指引我们的理想，让真理坚定我们的信仰。要坚持学而信、学而思、学而行，把学习成果转化为不可撼动的理想信念，转化为正确的世界观、人生观、价值观，用理想之光照亮奋斗之路，用信仰之力开创美好未来。

▶ 中国共产党理想信念的优势

理想信念指明了中国共产党前进的根本方向。理想是人们从现实出发在头脑中建构起来的未来图景，是对未来的预见和构想；信念是人们在生活实践中实际地体验了怎样想和怎样做才有益和有效，在此基础上形成的思考和行动的模式。理想信念是人生的精神内核，是人对自己本质力量和生存发展方向的把握。理想信念对一个人的生活道路具有重大影响。从一定意义上，有什么样的理想信念就有什么样的行为表现。一个人有了理想，就有了明确的奋斗目标和前进方向，就会用理想去规划指引自己的生活，把自己的一切行为都纳入实现理想的轨道，进而使生活充满希望。一个人有了信念，就会为追求真理和实现目标而勇往直前，乃至牺牲自我。因此，理想信念能为人的生存发展确立坚定的价值导向，是统率人的行为和灵魂的精神皈依。习近平总书记指出："理想信念决定着我们的方向和立场，也决定着我们的言论和行动。"

理想信念提供了中国共产党勇往直前的精神动力。心中有信仰，行动有力量。中国共产党近百年历史充分证明，崇高的理想信念，始终是共产党人保持先进性和纯洁性的精神动力，是中国共产党带领全国人民前进的重要精神保障。中国共产党之所以能够历经挫折而不断奋起，历尽苦难而淬火成钢，归根到底在于千千万万中国共产党人心中的远大理想和革命信念始终坚定执着，始终闪耀着火热的光芒。朱德同志经历过旧民主主义革命的失败，从切身体验中认识到，旧的道路走不通了，只有马克思主义才是解决中国问题的真理。在确立马克思主义信仰、树立为共产主义事业奋斗的崇高理想以后，无论面对什么样的艰难险阻和重大挫折，他都始终没有动摇。越是危难关头，他越是信念坚定。南昌起义部队南下潮汕失败，朱德同志所部孤立无援，他挺身而出，稳住军心，斩钉截铁地说："黑暗是暂时的，要革命的跟我走，最后胜利一定是我们的。"1975年初，他在89岁高龄时亲笔写下"革命到底"的条幅。1976年2月，他又写下"全党团结紧，险峰敢登攀"的诗句。在临终前不到两个月，他看到《共产党宣言》新译本后，不顾年高体弱，驱车到中央党校看望参与翻译的同志，一起交流对这部马克思主义经典著作的学习心得。

理想信念是中国共产党人团结奋斗的思想灯塔。正是因为具有坚定的理想信念，所以中国共产党才会敢于坚持真理，修正错误，才敢于自我革命，敢于开展批评和自我批评，才能始终保持党的团结，才不会陷入狭隘的个人利益、集团利益之争而重蹈资产阶级政党纷争不断的覆辙。邓小平同志曾经指出，根据他长期从事政治军事活动的经验，最重要的是人的团结，要团结就要有共同的理想和坚定的信念，我们过去几十年艰苦奋斗，就是靠用坚定的信念把人民团结起来，为人民自己的利益而奋斗。没有这样的信念，就没有凝聚力。没有这样的信念，就没有一切。在任何时候，我们党都绝不可以丢掉共同的理想和坚定的信念这个真正优势，要始终把坚持共产主义理想作为我们最根本的精神支柱和前进动力。

理想信念提升了中国共产党人的精神境界。正是因为中国共产党追求的共产主义理想是人类社会发展的真理，从事的是正义的事业，是人类最高尚的事业，是为最广大人民创造幸福的事业，是实现最美好的社会制度

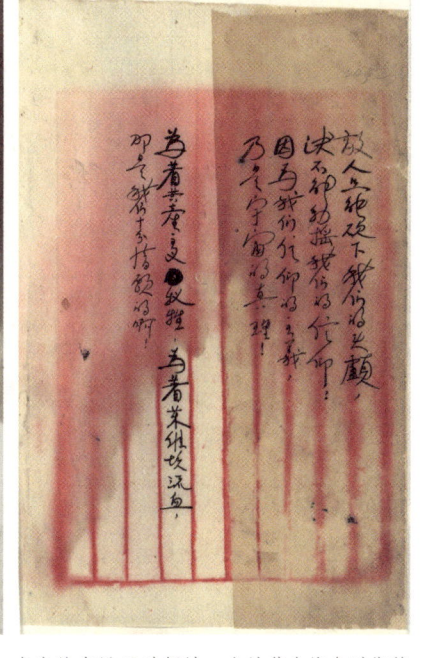

方志敏同志是伟大的无产阶级革命家、军事家，杰出的农民运动领袖，土地革命战争时期赣东北和闽浙赣革命根据地的创建人。方志敏同志在狱中写下了《可爱的中国》《清贫》《狱中纪实》等大量的书信、文稿，字里行间流露出一位共产主义者对信仰的绝对忠诚和舍生取义的高贵品质。左图为1935年方志敏在南昌赴刑场前的照片。右图为方志敏在狱中的作品之一——《死！——共产主义的殉道者的记述》。

中央档案馆/供图

的事业，所以理想信念大大提升了中国共产党人的精神境界，使共产党人始终充满浩然正气，从而能跳出追求狭隘的个人私利的人生哲学羁绊。近百年来，共产主义远大理想激励了一代又一代共产党人英勇奋斗，"砍头不要紧，只要主义真""敌人只能砍下我们的头颅，决不能动摇我们的信仰""一个愿意献身共产主义事业的共产党员，不仅应该为党在各个时期的具体任务而奋斗，而且应该确定自己为共产主义的实现而奋斗到底的革命的人生观"。习近平总书记指出："对马克思主义、共产主义的信仰，对社会主义的信念，是共产党人精神上的'钙'。没有理想信念，理想信念不坚定，精神上就会得'软骨病'，就会在风雨面前东摇西摆。全党同志一定要坚守共产党人精神家园，把改造客观世界和改造主观世界结合起来，切实解决好世界观、人生观、价值观问题，练就共产党人的钢筋铁骨，铸牢坚守信仰的铜墙铁壁，矢志不渝为中国特色社会主义共同理想而奋斗。"

不忘初心，方得始终。"志不立，天下无可成之事。"理想信念动摇是最危险的动摇，理想信念滑坡是最危险的滑坡。一个政党的衰落，往往从理想信念的丧失或缺失开始。我们党是否坚强有力，既要看全党在理想信念上是否坚定不移，更要看每一位党员在理想信念上是否坚定不移。习近平总书记指出："对马克思主义的信仰，对社会主义和共产主义的信念，是共产党人的政治灵魂，是共产党人经受住各种考验的精神支柱。"只有理想信念坚定的人，才能始终不渝、百折不挠，不论风吹雨打，不怕千难万险，坚定不移为实现既定目标而奋斗。只要理想信念坚定，通过自我革命锻造成为中华民族伟大复兴的中流砥柱，中国共产党人就能团结带领中国人民为实现中华民族伟大复兴中国梦努力奋斗、稳健前行。

勇于自我革命：
中国共产党的鲜明品格

■ 赵绪生

赵绪生 中共中央党校党建教研部世界政党比较教研室主任，教授、法学博士，北京市党建研究会党建智库特聘专家，北京市党内法规研究会理事。主要研究方向为全面从严治党、党内法规、党风廉政建设、基层党组织建设等。在《人民日报》《中共中央党校学报》《党建》等报刊发表论文100余篇，10余篇文章被中国人民大学《复印报刊资料》以及《中国共产党》《世界社会主义研究动态》《中国社会科学文摘》等转载，出版个人专著4部，主编教材4部，参编教材20余部。

内容摘要：中国共产党为什么能？中外专家学者探究和分析形成的基本共识就是，中国共产党能够始终坚持对革命、建设和改革事业的领导权，始终坚持自我革命的光荣传统和政治优势。马克思主义政党的本质属性是批判性和革命性，批判性和革命性内在地要求马克思主义政党必须要有自我革命的勇气。在当今中国，没有任何一个政治力量有资格和能力来取代中国共产党，除了中国共产党之外，也没有任何一个政治力量能够肩负起为中国人民谋幸福、为中华民族谋复兴这个伟大使命。基于不同时期党和国家面临的形势和任务，发扬勇于自我革命精神，带领全党和全国各族人民走向正确道路，既不走封闭僵化的老路，也不走改旗易帜的邪路，始终坚持和发展中国特色社会主义，这就是中国共产党领导改革开放和现代化建设事业取得成功的密码所在。

近年来，中外专家学者们努力从不同视角探究和分析中国共产党成功的密码、中国共产党为什么能的原因，形成的基本共识就是，中国共产党能够始终坚持对革命、建设和改革事业的领导权，始终坚持自我革命的光荣传统和政治优势。

▶ 党的本质属性使然

党的性质宗旨决定了自我革命的优势。马克思主义政党的本质属性是批判性和革命性，批判性和革命性内在地要求马克思主义政党必须要有自我革命的勇气。作为一个马克思主义政党，中国共产党始终代表先进生产力和生产方式，始终代表先进文化的前进方向，始终引领社会历史发展趋势和潮流，积极主动克服党自身存在的不足，坚持以批判性和革命性态度，在否定之否定中不断改造自己，在革命性探索和实践中不

2019年7月15日至16日,中共中央总书记、国家主席、中央军委主席习近平在内蒙古考察并指导开展"不忘初心、牢记使命"主题教育。这是15日下午,习近平在赤峰市喀喇沁旗河南街道马鞍山村党群服务中心了解基层党建、民族团结和乡村振兴情况。

新华社记者 谢环驰/摄

断提升自己。

"不忘初心、牢记使命"就是不忘我们是共产党人,我们是革命者,要始终保持革命精神。中国共产党领导人民夺取全国政权要发扬革命精神和开展革命斗争,在长期执政条件下依然要发扬革命精神和进行建设,以改革创新的新时代革命精神投入到改革开放和现代化建设的实践中。在全面深化改革、扩大对外开放和发展社会主义市场经济条件下领导国家建设进程中,我们党作为领导核心和执政党要始终保持自我革命精神,不断开创改革开放和现代化建设的新局面。

中国共产党始终坚持全心全意为人民服务的根本宗旨。习近平总书记指出："我们党之所以有自我革命的勇气，是因为我们党除了国家、民族、人民的利益，没有任何自己的特殊利益。"马克思主义政党是为最广大人民谋取利益的政党，完全不为自己谋取私利，总是以人民群众的利益为考虑问题的根本出发点。这必然要求广大党员和干部在革命、建设和改革中正确处理好个人利益和集体利益、当前利益和长远利益、局部利益和全局利益的关系。坚持公私分明、克己奉公，努力做到甘于奉献、甘于付出，摆脱个人利益、部门利益和地方利益的局限，以昂扬锐气和浩然正气彰显共产党人自我革命的勇气。正如习近平总书记所指出的："不谋私利才能谋根本、谋大利，才能从党的性质和根本宗旨出发，从人民根本利益出发，检视自己；才能不掩饰缺点、不回避问题、不文过饰非，有缺点克服缺点，有问题解决问题，有错误承认并纠正错误。"

▶ 有比较才有鉴别

中国共产党建党98年，领导新中国建设和改革70年。无论是建党时间还是执政时间，都已步入世界政党之林的老党、大党行列。长期连续执政容易形成一个清晰的"资产负债表"，即一方面会积累丰富的执政经验和不断取得治国理政新成效，另一方面也可能会产生执政的矛盾积累和自身建设问题。

苏共及其领导下的共产国际曾经是世界共产主义运动的中心，二战后强大的苏联成为世界政治舞台上举足轻重的超级大国，苏联模式一度成为绝大多数社会主义国家革命和建设的学习典范。然而，在20世纪90年代初，曾经强大的苏共突然垮台，苏联轰然倒塌，其中的原因是多方面的，但最主要在于苏共自身的内因。苏共在长期执政过程中弱化党的领导和忽视党的建设，特别是摒弃了自我革命的优良传统和政治优势，导致苏共从充满生机活力、勇于自我革命，变成思想保守僵化、体制机制固化、顽癣痼疾缠身，最终因丧失了自我革命精神而亡党亡国。

自建党以来，我们党就高度重视和加强党的思想领导，不断推动马克思主义普遍原理同中国革命、建设和改革实践相结合，形成毛泽东思想、邓小平理论、"三个代表"重要思想、科学发展观、习近平新时代中国特色社会主义思想，坚持以一脉相承的马克思主义中国化最新理论成果武装全党、统一思想、统一意志、统一行动。基于不同时期党和国家面临的形势和任务，发扬勇于自我革命精神，带领全党和全国各族人民走向正确道路，既不走封闭僵化的老路，也不走改旗易帜的邪路，始终坚持和发展中国特色社会主义，这就是中国共产党领导改革开放和现代化建设事业取得成功的密码所在。政治路线确定之后，干部就是决定因素。以自我革命精神净化和纯洁党员和干部队伍，建设风清气正和清正廉洁的马克思主义政党，这是中国共产党始终保持生机活力和朝气蓬勃、中国共产党为什么能的重要原因之一。

▌ 历史洪流的优胜劣汰

近代以来，在中国政治舞台上出现过很多政党，而对中国政治发展进程有决定性作用的政党最终只有中国共产党。中国国民党是中国现代政党政治的先驱，国民党本是一个革命政党，然而执政后不久即放弃革命立场、丢掉革命精神，在大陆执政后期出现暮气沉沉、纲纪松弛、派系林立、腐化堕落等系列问题。正如蒋介石在败退台湾前所不得不承认的那样："自抗战以来，本党在社会上的信誉一落千丈，我们的革命工作苟且因循，毫无进展。老实说，古今中外，任何革命党都没有像我们今天这样的没有精神，没有纪律，更没有是非标准。这样的党，早就应该被消灭淘汰了。"但是，受制于自身固有的阶级属性，即便有了一定程度的思想认识，终究是无法付诸行动的。相比之下，以马克思主义为思想武器的中国共产党，却始终能够以彻底的革命精神，跟随时代的潮流与时俱进，生生不息。

早在新民主主义革命时期，我们党就在党纲党章和党内文件中制定了一系列推动自我革命的规章制度。比如，1926年8月，中共中央扩大会议发布的《坚决清理贪污腐化分子》通告要求各地党组织坚决清洗贪污腐化分子，制止党内产生腐败问题。这是我们党历史上第一个惩治贪污腐化分子的重要文件。1927年5月，党的五大选举产生了第一个党的纪律检查机构——中央监察委员会，作为维护和执行党纪的专门机关，纯洁和净化党员和干部队伍。1941年5月至1945年4月，通过延安整风运动纠正主观主义、宗派主义、教条主义错误，确立了实事求是的思想路线，实现了思想理论的革命化，推动马克思主义中国化的新发展，为党领导取得新民主主义革命胜利奠定坚实的基础。

1949年新中国成立后，我们党在全国范围内取得了执政地位，在领导国家建设的进程中继续发扬自我革命精神。毛泽东同志在七届二中全会上指出："夺取全国胜利，这只是万里长征走完了第一步。"全党要牢记并践行毛泽东同志提出的"两个务必"要求，继续发扬党在过去革命时期的革命热情、拼命精神，把革命工作做到底。

在社会主义建设和改革时期，我们党努力净化党的思想、政治和组织队伍，以勇于自我革命精神纠正"文化大革命"的错误；我们党不断改进和创新自我革命的方式方法，采取以学习教育活动和依规治党方式推动党的自我革命，以正视问题的自觉和刀刃向内的勇气，加强党的领导和党的建设，坚定不移推进从严治党。

▶ 新时代的革命性锻造

党的十八大以来，以习近平同志为核心的党中央坚持和弘扬自我革命的优良传统，在全面从严治党的实践中校正了党和国家事业前进的航向，使党在革命性锻造中更加强大。曾经有一段时期，存在党的领导弱化、党的建设缺失、从严治党不力、管党治党宽松软等问题，特别是存在广大人民群众反映强烈的"四风"问题和腐败问题。靠谁来解决党的建设中存在的这些突出问题，怎样来解决党的建设中存在的这些突出问题？习近平总书记给出了答案，就是"打铁必须自身硬"。通过弘扬自我革命的优良传统，以刀刃向内的自我革命精神化解党的建设突出问题，坚持正风反腐肃纪和监督执纪问责，解决了许多长期想解决而没有解决的难题，消除了党和国家内部存在的严重隐患，使我们这个大党、老党在新时代焕发出新的生机和活力。

党的十八大以来，党中央从整治人民群众反映强烈的"四风"问题入手，集中整治"形式主义、官僚主义、享乐主义、奢靡之风"，狠刹影响党群关系和工作上的不正之风问题。以中央政治局立规矩为起点，从全党上下落实中央八项规定精神破题，习近平总书记以身作则、以上率下，全党风气为之一新，赢得党心民心。作风建设永远在路上。随后，在全党范围内开展党的群众路线教育实践活动、"三严三实"专题教育、"两学一做"学习教育、"不忘初心、牢记使命"主题教育。通过开展扎实有效的学习教育活动，以优良的党风带政风促民风，营造风清气正的良好政治生态，不断提高新时代中国共产党人思想素质和政治觉悟，自觉保持先进性和纯洁性。

以自我革命精神推进反腐败斗争，要求必须坚持有腐必反、有贪必肃，加强党对反腐败工作集中统一领导，保持战略定力，持续强化不敢腐的震慑，扎牢不能腐的笼子，增强不想腐的自觉，以"永远在路上"的坚韧和执着把反腐败斗争推向纵深。坚定不移"打虎""拍蝇""猎狐"，继续保持惩治腐败的威慑态势，"老虎"露头就打、"苍蝇"乱飞就拍，加大追逃追赃力度，让外逃贪官无所遁形。通过改革和制度创新切断利益输送的链条，压缩腐败的生存空间，铲除滋生腐败的土壤，形成靠制度管权、管事、管人的长效机制。增强不想腐的自觉，必须坚持从抓教育入手，教育引导广大党员和领导干部坚定理想信念、坚守共产党人精神家园，不断夯实党员干部廉洁从政的思想道德基础，筑牢拒腐防变的思想道德堤坝。

在长期执政条件下，执政党掌控着巨大的权力资源，如何通过构建有效的权力制约和监督体系，这是中国共产党人面临的重大课题。在党和国家监督制度体系中，党内监督是第一位的，党内监督失灵，其他监督必然失效。习近平总书记指出："自我监督是世界性难题，是国家治理的哥德巴赫猜想。"党的十八大以来，一方面发挥巡视监督的利剑作用，一方面实现对中央一级党和国家机关全面派驻纪检组（2018年起改为纪检监察组），消除了监督空白和盲点。党的十八届六中全会后，党中央领导深化国家监察体制改革，加强党对反腐败工作的统一领导，整合分散的反腐败力量，成立各级监察委员会，实现对所有行使公权力的公职人员监察全覆盖。通过把党的自我监督和人民群众监督结合起来，探索自我净化、自我完善、自我革新、自我提高的有效途径，推进治理体系和治理能力现代化。通过充分发挥自我革命优势，党在革命性锻造中更加坚强、更加坚定地以党的伟大自我革命推动伟大的社会革命。

全国党风廉政建设民意调查数据
人民群众对党风廉政建设和反腐败工作满意度

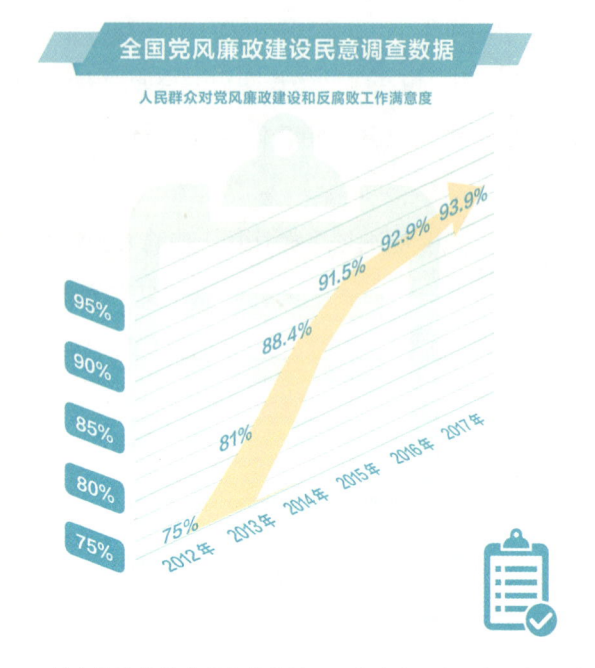

75% (2012年) — 81% (2013年) — 88.4% (2014年) — 91.5% (2015年) — 92.9% (2016年) — 93.9% (2017年)

国家统计局问卷调查结果显示，党的十八大以来，人民群众对党风廉政建设和反腐败工作满意度逐年上升。
数据来源：伟大的变革——庆祝改革开放40周年大型展览
孙 彤 / 制图

▶ 两个伟大革命的持续并进

在当今中国，没有任何一个政治力量有资格和能力来取代中国共产党，除了中国共产党之外，也没有任何一个政治力量能够肩负起为中国人民谋幸福、为中华民族谋复兴这个伟大使命。面对百年未有之大变局，中国共产党必须旗帜鲜明地坚持推进两个伟大革命。正如习近平总书记所指出的，中国共产党能够带领人民进行伟大的社会革命，也能够进行伟大的自我革命。

伟大的社会革命和伟大的自我革命，是在我们党建设新时代中国特色社会主义这一重大时代背景下提出的两个重要概念，也是马克思主义政党建设理论中密切相关的两个范畴。自建党之日起，中国共产党就肩负起领导人民进行伟大的社会革命的使命，就是打破旧世界、创造新社会，最终目标是实现共产主义。中国共产党相继领导了新民主主义革命、社会主义革命和社会主义建设、改革开放和现代化建设三次伟大的社会革命，目前正领导进行着新时代伟大的社会革命实践。习近平总书记深刻地指出："新时代中国特色社会主义是我们党领导人民进行伟大社会革命的成果，也是我们党领导人民进行伟大社会革命的继续，必须一以贯之进行下去。"

自我革命是我们党自我警醒、自我否定、自我反思、自我超越的一种积极的、主动的革命性行为。中国共产党作为中国的领导核心和执政党，党的自我革命具有双重属性：一方面是在推进国家治理体系和治理能力现代化背景下全面深化改革必须要发扬党的自我革命精神，因为改革也是一场深刻的革命，要求领导改革者必须具有自我革命精神，既勇于突破旧的思想观念束缚，又勇于突破利益固化的藩篱；另一方面是在长期执政的情况下，推进全面从严治党必须要解决好自我监督问题，执政党必须勇于直面问题，敢于刮骨疗毒，消除一切损害党的先进性和纯洁性的因素，清除一切侵蚀党的健康肌体的病毒，建设世界上最强大的政党。党的自我革命的目标是解决党长期执政下自我监督这一世界性难题，通过行动回答"延安窑洞之问"，跳出"其兴也勃焉，其亡也忽焉"的历史周期律，确保党长期执政和国家长治久安。

中国稳健前行 ▶ 人类命运共同体

人类命运共同体为全球治理提供"中国方案"

■ 黄 平

黄 平 研究员，全国政协委员、中国社会科学院欧洲研究所所长，兼任中华美国学会会长、中国世界政治研究会会长，曾任中国社科院社会学研究所副所长、美国研究所所长，并曾被选举为联合国教科文组织政府间理事会副理事长、国际社会科学理事会副理事长、国际社会学会副会长。主要研究方向为社区发展与社会治理、全球化与中国道路、世界格局变化下的中美关系、中欧关系。2014年评为国家"万人计划"哲学社会科学领军人才。

内容摘要：构建人类命运共同体，是当代中国为促进世界和平发展和全球治理提供的"中国方案"。从和平共处五项原则，到和平与发展两大主题，再到推动构建人类命运共同体，中国坚定不移走和平发展道路的基本原则和价值取向在继承中发展、在发展中创新。这，既是历史的选择，也是现实的选择，更是价值的选择。"欢迎各国人民搭乘中国发展的'快车''便车'"，中国发展带给世界的是机遇，为世界经济全面可持续增长提供新动力，为持久的世界和平提供新保障，也为全球治理提供可参照的"中国方案"。

从百年未有的世界变局和民族复兴的战略全局着眼，习近平总书记提出了构建人类命运共同体的重要思想。构建人类命运共同体，是当代中国为促进世界和平发展和全球治理提供的"中国方案"。2018年，"推动构建人类命运共同体"写入宪法序言部分。这一凝聚着东方智慧的理念被赋予全新含义，表达出中国将携手世界各国而奋斗的坚定意志，实现了中国共产党"为人类进步事业而奋斗"的庄严承诺。

▶ 中国坚持走和平发展道路

一个和平的国际环境，将有利于实现我们"两个一百年"的奋斗目标，有利于实现中华民族伟大复兴的中国梦。和平与发展，是一个铜板的两面：一方面，没有发展为基础和动力，中国和世界都不可能实现持久和平；另一方面，如果没有和平，中国和世界也不可能实现可持续发展。这也是为什么中国要坚定不渝地走和平发展道路的深刻道理之所在——和平，保证发展；发展，促进和平。

回顾新中国成立70年来走过的历程，我们深刻认识到：只有坚定不移地走和平发展道路，才能切实推进人民幸福和民族复兴的伟大进程，也才能为世界的和平和繁荣作出中国应有的贡献，为消弭全球"治理赤字"提供"中国方案"。

从新中国成立70年以来的历史脉络来看，中国坚持走和平发展道路，既一以贯之，又来之不易。新中国成立初期，我们走上了谋和平、求发展的道路。当时国际上"冷战"已经拉开铁幕，我们自己经历了百年磨难，正百废待兴，是人家打到了我们鸭绿江边，才被迫作出保家卫国的重大决定，"以战促和"，于1953年签署了停战协议。新中国代表团1955年出席亚非会议（"万隆会议"）时，经过周恩来总理与各国代表的平等对话，中国所倡导的和平共处五项原则获得了普遍认同，其精神被写入了《关于促进世界和平与合作的宣言》。60多年来，和平共处五项原则不仅成为中国奉行独立自主和平外交政策的基础，而且也被世界上绝大多数国家接受，成为处理国际关系的准则和维护世界和平的基础。

改革开放之初，我们明确提出和平与发展是当今世界的两大主题，并由此提出中国可以在一个相对和平的国际环境下，坚持以经济建设为中心，致力于发展生产力和提高人民生活水平的发展战略。"冷战"结束后，中国更加积极主动顺应时代发展的潮流，通过进一步深化改革和对外开放，实现了中国人民从站起来到富起来的历史飞跃。以这么短的时间和这么小的代价，在这么大的人口规模和这么差的原有基础上，中国取得了如此大的成就，这是人类历史上的第一例。

中国特色社会主义进入新时代，随着中国经济社会的快速发展和综合国力的显著提升，以习近平同志为核心的党中央再次明确提出，要始终坚定不移走和平发展道路，引领中国从富起来走向强起来。党的十九大报告指出，"坚持和平发展道路，推动构建人类命运共同体"。和平发展道路，是一条和平与发展相互依存、内政与外交有机统一、本国利益与人类利益交互结合的新型发展道路；构建新型国际关系和人类命运共同体，是国际关系史和国际关系理论上的一大创举，也是人类社会发展史上的一大进步和社会发展理论的一大创新。

2018年3月23日，在瑞士举行联合国人权理事会第37届会议。会议通过中国提出的"在人权领域促进合作共赢"决议，第一次同时把推进构建人类命运共同体，推进构建相互尊重、公平正义、合作共赢的新型国际关系写入联合国的文件。这是继2017年3月17日构建人类命运共同体理念首次载入联合国安理会决议后，中国理念回声再起，体现了这一理念已经得到广大会员国的普遍认同。图为会议现场。

新华社记者　徐金泉／摄

从新中国成立初期提出和平共处五项原则，到改革开放之初判断和平与发展是当今世界的两大主题，再到强调并重申中国坚定不移走和平发展道路，推动构建人类命运共同体，其基本原则和价值取向不仅从来没有动摇过，而且一步一步在继承中发展、在发展中创新。

这，既是历史的选择，也是现实的选择，更是价值的选择。

历史的选择。纵观世界近代历史，西方列强总是试图通过依靠武力对外侵略扩张，并按照"丛林法则"与"零和游戏"实现自身利益的最大化。1840年后的旧中国饱尝被侵略被掠夺之苦，"百年魔怪舞翩跹"。1949年新中国成立以后，中国确立和践行了独立自主的和平外交政策，从提出和平共处五项原则到向世界作出永不称霸、永不扩张、永远不搞势力范围的庄严承诺，从提出走和平发展道路再到明确提出构建人类命运共同体，使中国成为维护世界和平的中坚力量和国际治理体系改革的重要推手。这既是从近代以来我们受人欺负甚至任人宰割的惨痛历史中得到的深刻教训，也是历史给予我们的世界定位。

现实的选择。中国坚定不移地走和平发展道路，与各国一起构建人类命运共同体，也是基于我国的现实国情，根据中国的国家根本利益提出来的。新中国建立之初，我们底子薄、基础差，资源分布也很不均衡，和平的外部环境是我们聚焦国内发展的必要条件。今天，经过70年的努力奋斗和40多年的改革开放，我们虽然从富起来走向强起来，但与各国携手共同推进国际治理体系的改革，并进而构建人类命运共同体，仍然是并将始终是人间正道。

价值的选择。中国不仅是最大的社会主义国家，也是当今世界最大的发展中国家，还是延续了几千年历史的文明古国。中国人向来讲究"和而不同"、追求"天下大同"，"丛林法则""零和游戏"不是我们的价值选项。从新中国70年的历程看，我们始终坚持国家不分大小一律平等；从中华文明的历史沿革看，侵略、掠夺、欺凌他人，从来不是我们的文化血脉和历史基因。我们坚持的是"己所不欲、勿施于人"。这背后的价值追求，既是"多元一体、和而不同"，更是"美人之美、美美与共"。

▶ 中国的发展带给世界的是机遇

我们都还清楚记得，毛泽东同志提出过"中国应当对于人类有较大贡献"。新中国成立以来，我们既是这样说的，也是这样做的。70年来，我们不仅没有侵占别国一寸土地，也从来没有以殖民和掠夺方式来开展对外经贸交往。在以习近平同志为核心的党中央领导下，中国更是积极作为、敢于担当，甚至迎难而上、主动担当，为推动人类社会的发展进步、探索建设更加美好的世界治理秩序与治理体系砥砺奋斗、不懈探索。

世界近代以来的历史充满了战争、侵略、掠夺以及不平等规则和不公正交易，背后是丛林法则、零和游戏，是强者更强、赢者通吃。两次世界大战后，人们痛定思痛，于是才有了联合国这样的国际性组织和联合国制度下的世界秩序，也形成了战后新的国际关系格局。但即使如此，也没能防止持续了近半个世纪的"冷战"，而且，世界几乎也一直没有停止过局部战争和地区冲突。至于其他的国际机构和国际秩序，一方面它们很多继续在发挥作用，另一方面也大多需要改革和改善。

对于世界上很多国家和地区来说，发展都是第一要务，和平都是第一保障。而中国这样的大国，曾经长期处于内忧外患、"一穷二白"的境况，70年前新中国建立之初底子很薄、基础很差，要发展归根到底就要靠本国自身的艰苦努力和人民的艰苦奋斗。即使走到今天，我们也仍然是发展中国家，也仍然处在社会主义的初级阶段。所以，我们在积极主张各国根据自身禀赋特点制定适合本国国情的发展战略的同时，一方面力所能及地提供我们的帮助，"欢迎各国人民搭乘中国发展的'快车''便车'"，让中国发展成果更多惠及各国人民；另一方面积极推动国际治理体系的维护和改善，为世界经济全面可持续增长提供新动力，为持久的世界和平提供新保障。

习近平总书记指出："中国共产党是为中国人民谋幸福的政党，也是为人类进步事业而奋斗的政党。中国共产党始终把为人类作出新的更大的贡献作为自己的使命。"坚持和发展中国特色社会主义所展现的"中国方案"，客观上给世界上那些既希望加快发展又希望保持自身独立性的国家和民族提供了新的可参照的发展路径选择。今天，中国正日益走近世界舞台中央，并以他人乃至我们自己以前也没有想到的速度、规模和方式，不断为人类的和平与发展作出更大贡献。到21世纪中叶，当我们走向实现"两个一百年"的奋斗目标、实现中华民族伟大复兴中国梦的时候，中国对全人类的贡献还将在世界上更加彰显。

▶ 全球治理的"中国方案"

党的十八大以来，在以习近平同志为核心的党中央坚强领导下，我们冷静应对国际形势发生的复杂深刻变化，妥善处理各种风险、化解各种危机，坚定维护国家根本利益，深入拓展友好合作，积极展现大国担当，敢于坚持原则，坚决反对和抵制霸凌主义，开创了中国特色大国外交新局面。

面对不断蔓延的保护主义、单边主义，中国坚持历史发展的正确方向，高举和平、合作的大旗，坚定捍卫多边主义和自由贸易，推动全球治理体系朝着更加公正更加合理的方向发展，成为世界乱象中的中流砥柱。在各个不同的重要国际场合，中国都旗帜鲜明地反对各种保护主义和单边主义，呼吁坚定维护以联合国宪章宗旨和原则为核心的国际秩序和国际体系，引导有关会晤形成一系列具有开创性、引领性、机制性的成果，体现了中国作为负责任大国的世界担当，为充满不稳定性不确定性的国际变局注入了正能量、带来了新希望。

今天的世界的确面临各种问题和严重挑战，特别是经济全球化遭遇逆风，世界经济长期低迷，发展鸿沟日益突出，分配不公随处可见，地区冲突频繁发生，恐怖主义、极端主义等全球性挑战此起彼伏，民粹主义、保守主义等各种社会政治思潮交锋激荡。人们甚至在问，这世界究竟怎么了？我们究竟应该怎么办？国际上很多人对未来的不稳定性不确定性增强感到迷茫、彷徨，对各种风险和危机感到痛苦和无助。在此背景下，习近平总书记提出的构建新型国际关系和构建人类命运共同体，切实回应了世界的共同关切和普遍担忧，实际上提出了中国的全球观、治理观、义利观，其要义是"要发展不要贫穷、要和平不要战争、要合作不要对抗、要共赢不要独霸"。中国敢于直面当今世界面临的种种难题、挑战、危机和风险，敢于回答人们心中的各种困惑与迷茫，这为世界的发展和人类的未来朝着正确方向前行提供了大智慧、新思想。

我们坚持相互尊重、平等协商，坚持以对话解决争端、以协商化解分歧，主张通过合作与协作，统筹应对各种非传统安全威胁，坚决反对一切形式的恐怖主义和霸权主义。

我们坚持同舟共济、互利共赢，积极促进贸易和投资自由化便利化，推动经济全球化朝着更加开放、包容、普惠、平衡、共赢的方向发展，坚决反对各种形式的贸易保护主义和霸凌行径，坚决反对单边主义，积极维护多边主义，推进改革多边治理体系。

我们坚持尊重世界文明多样性，以文明交流超越文明隔阂、文明互鉴超越文明冲突、文明共存超越文明优越，最终实现和而不同、多元一体。文化与文明只能共生共存、彼此互补，而不能带着偏见乃至傲慢，人为地判定谁优谁劣、孰高孰低。

我们坚持环境友好，积极主张和坚持通过合作，共同应对环境污染、生态保护和气候变化，保护好人类赖以生存的共同家园，还自然以宁静、和谐、美丽，还社会以平和、信任、友谊。

中国不仅积极倡导构建人类命运共同体，而且身体力行、率先垂范。一个生动实例就是，我们主动提出"一带一路"倡议并积极推动各种相关

2018年9月3日，中非合作论坛北京峰会在人民大会堂隆重开幕。中国国家主席习近平出席开幕式并发表题为《携手共命运　同心促发展》的主旨讲话。　新华社记者　王　晔/摄

具体项目落地生根、开花结果。"一带一路"建设正逐步实现着与各国政策和发展战略的对接，深化着彼此的务实合作，使各国和民众通过合作进一步拉近彼此距离，正在开辟互利合作共赢的新天地、新方式、新路径，从而为国际关系逐步从利益共同体、责任共同体走向命运共同体，展示了一个鲜活的事例、开启了一条崭新的道路。

当今中国已经从站起来走向富起来、强起来，尽管有人不愿意看见中国发展壮大，有的甚至想对我们搞"新冷战"，但是中华民族伟大复兴已是时代之势，时势不可违、大势不可挡。前进的路上还会有许多我们能想到和还没想到的"陷阱"、风险，可能还会出现各种"黑天鹅""灰犀牛"，还一定会有许多新的伟大斗争。习近平总书记提出推动构建人类命运共同体和建设相互尊重、公平正义、合作共赢的新型国际关系的重要理念，既是对我国70年外交优良传统的继承和发展，是对党的十八大以来我国外交实践的提炼升华，也是对当今世界出现的失序、失范和一些地区出现的失控提出的一种新的解决之道，为我们克服"国强必霸"的旧逻辑、超越"修昔底德陷阱"的旧思维，提供了重要的理论依据和实践遵循。

习近平总书记指出，"中国人民的梦想同各国人民的梦想息息相通"。"人类命运共同体"理念，着眼寻求各方利益的"最大公约数"，为中国梦连接世界梦建起坚实桥梁，两者相融相通、交相辉映。在中国共产党的坚强领导下，在实现中华民族伟大复兴的历史进程中，中国人民将与世界各国人民一道，共同推动构建人类命运共同体。"大家一起发展才是真发展，可持续发展才是好发展""坚持你好我好大家好的理念""发展成果应该由各国共同分享"……随着中国稳健前行，这些崭新理念带来的美好愿景必将实现。

扫一扫：理上网来

求是网微博

中国稳健前行 | 思想路线

始终坚持实事求是
时刻保持战略定力

■ 侯惠勤

侯惠勤 教授、博士生导师,中国社会科学院国家文化安全与意识形态建设研究中心主任、马克思主义研究院原党委书记,中央实施马克思主义理论研究和建设工程首席专家,中国历史唯物主义学会会长,中国社会科学院大学特聘讲席教授、马克思主义学院学术委员会主任、"马克思主义发展史"重点学科带头人。长期担任中国社会科学院研究生院教授委员会执行委员、哲学学部主任、马克思主义研究系主任。1993年起享受国务院政府特殊津贴。在《人民日报》《求是》《光明日报》《中国社会科学》《历史研究》等发表学术论文200余篇,出版学术著作10多部。

内容摘要:"中国奇迹"背后的动因是多方面的,但归根结底还是在于我们有了马克思主义这一科学理论指导,在于我们有了辩证唯物论和历史唯物论这一强大的思想武器,在于我们坚持实事求是这一正确的思想路线。坚持实事求是的思想路线,就是坚持马克思主义活的灵魂,即一切从实际出发、实事求是、具体问题具体分析。运用马克思主义哲学的世界观方法论提出时代之问并加以回答,是理论联系实际的前提,是实事求是的力量所在。坚持实事求是的前提是把握"实事",就是认清中国发展的基本国情和历史方位。坚持实事求是,必须把握时代潮流、回应时代主题,必须把握社会主要矛盾确立以人民为中心的导向,必须立足现阶段中国最大国情最大实际。只要始终坚持实事求是的思想路线,就能时刻保持战略定力,就能引领新时代沿着坚持和发展中国特色社会主义的正确航向,就能确保中国发展稳健前行。

新中国成立70年来,长期执政的中国共产党领导人民创造了世所罕见的经济发展奇迹和政治稳定奇迹,中华民族实现了从站起来、富起来到强起来的伟大飞跃。"中国奇迹"背后的动因是多方面的,但归根结底,在于我们有了马克思主义这一科学理论指导,在于我们有了辩证唯物论和历史唯物论这一强大的思想武器,在于我们坚持了实事求是这一正确的思想路线。正如毛泽东同志指出的,中国共产党"靠马克思列宁主义的真理吃饭,靠实事求是吃饭,靠科学吃饭"。

▶ "实事求是"把握马克思主义活的灵魂

坚持实事求是的思想路线,就是坚持马克思主义活的灵魂,即一切从实际出发、实事求是、具体问题具体分析。实事求是不是随波逐流、屈从现实的保守主义，也不是蛮干瞎闯、无视现实的冒险主义，而是对马克思主义哲学的世界观方法论的准确概括。它科学地解决了"什么是实际""如何从实际出发""如何最大限度地发挥主观能动性去开创历史活动新局面"等根本性问题。包括人类社会在内的世界发展，都是有着自身规律的客观过程。而对于客观世界认知的最高追求则是，认识客观规律，获得客观真理，从必然走向自由。因此，一切从实际出发，就是要从不断变化发展的客观条件和客观形势出发，不断研究新情况、回答新问题、应对新挑战；就是要克服一切骄傲自满、固步自封情绪，克服一切脱离实际、夸夸其谈的做派；就是要不断把实践经验上升到规律性认识，不断创新理论、创新实践。用毛泽东同志的话说就是，"'实事'就是客观存在着的一切事物，'是'就是客观事物的内部联系，即规律性，'求'就是我们去研究。我们要从国内外、省内外、县内外、区内外的实际情况出发，从其中引出其固有的而不是臆造的规律性，即找出周围事变的内部联系，作为我们行动的向导。"坚持辩证唯物主义和历史唯物主义，是坚持实事求是的世界观基础。

毛泽东同志1937年在抗大讲哲学时写有《辩证法唯物论（讲授提纲）》，其中第二章第十一节和第三章第一节分别为《实践论》和《矛盾论》的最初版本，占全本一半以上篇幅。中图为八路军军政杂志社出版的《辩证法唯物论（讲授提纲）》封面，上面有毛泽东的毛笔签名。

党的十八大以来，面对国际国内形势的复杂深刻变化，特别是面对各种社会思潮相互激荡、意识形态领域斗争日趋严峻的现实，习近平新时代中国特色社会主义思想在坚持马克思主义这个立党立国之本上旗帜鲜明、毫不含糊。习近平总书记反复强调:"辩证唯物主义是中国共产党人的世界观方法论",这就从根本上捍卫了党的实事求是的思想路线。

坚持实事求是的思想路线,就是坚持共产主义理想信念,即不断开辟从现实走向未来的道路。"新陈代谢是宇宙间普遍的永远不可抵抗的规律"。只有面向未来,站在历史的制高点上,努力促进社会的革命、变革和创新发展,才能真正做到实事求是。共产主义事业是当今人类最伟大的事业,为共产主义而奋斗是共产党人最强大的精神力量。共产主义理想是马克思主义的精髓,不仅具有彰显人类社会发展客观规律的逻辑力量,而且具有凝聚和引领人民群众投身这一伟大事业的实践力量。因此,一个马克思主义政党,一旦丧失共产主义理想信念,就会立刻土崩瓦解。而理想信念动摇,根子在于怀疑甚至否定历史规律,脱离以致背叛人民群众,即丢弃了实事求是的思想路线。"苏东剧变"从根本上说,就是丧失了共产主义理想信念,是在哲学思想和思想路线上犯了颠覆性的错误。

坚持实事求是的思想路线,就是坚持自觉的自我革命,即在改造客观世界的同时不断进行自我革命。实事求是是高度自觉的思想路线,不能自发产生,必须经过艰难的学习、实践和探索过程。探索客观规律、追求客观真理首先难在摆脱狭隘利益眼界的束缚,真正敢于面对新陈代谢的历史趋势,必须坚持唯物辩证法革命的批判的精神。要认识和把握不断变化的客观世界,做到一切从实际出发,不仅需要拨云见日,透过现象看本质,还需要与时俱进、永不懈怠;要认识和把握纷繁复杂社会现象中的历史大势,不仅需要批判的武器,还需要武器的批判,真正投身人民群众的革命事业。坚持实事求是的思想路线,就是一个不断地把改造客观世界和改造主观世界努力统一起来的过程,在推动世界革命、变革的同时,不断地进行自我革命。因此,坚持实事求是的思想路线是中国共产党人不忘初心、牢记使命的精神源头,也是我们战胜一切艰难险阻的精神支撑。

历史经验也表明,能否坚持实事求是的思想路线,决定了中国共产党所领导事业的成败得失。正如邓小平同志所指出的:"实事求是,是无产阶级世界观的基础,是马克思主义的思想基础。过去我们搞革命所取得的一切胜利，是靠实事求是；现在我们要实现四个现代化，同样要靠实事求是。"

▎"实事求是"紧跟时代潮流回应时代主题

实事求是的思想路线，集中表现在对于客观规律和时代潮流的正确把握，首先是准确把握时代主题。20世纪60年代以来，和平与发展逐步成为最重大的时代问题，道路、制度的优劣，政党、主义的取舍，都取决于其对和平发展的贡献。党的十一届三中全会以来，中国共产党紧紧围绕和平发展这一时代的主题，不断开创中国特色社会主义的新局面，也为当代世界的和平发展作出了新贡献。

从时代特征上看，我们今天正在经历类似马克思生活时期的历史场景，这就是"百年未有之大变局"。当代世界呈现出深刻复杂变化的态势，充满着不确定性，使得人们对未来既寄予期待又感到困惑。人类社会面临的共同挑战和应对挑战的人类共识尚不成比例，发展的机遇隐藏在层出不穷的挑战中，人类休戚与共的共同利益分割在局部利益的凸显和冲突中，历史潮流在诸多逆流和漩涡的干扰下时隐时现，可谓是"潮流浩荡"而又"波谲云诡"。开放还是封闭，前进还是后退，人类面临着新的重大抉择。回答这些时代之问，必须不畏浮云遮望眼，善于拨云见日，认清世界大势。要做到始终坚持实事求是的思想路线，就必须坚持马克思主义哲学关于判断时代潮流必须依据客观历史规律的观点，必须坚持马克思主义哲学关于对历史潮流和它借以实现的现实形式进行科学区分的观点，必须坚持马克思主义哲学关于依托新的社会力量推进历史潮流的观点，并在新的历史条件下创造性运用，才能为我们判断时代、认清时代潮流确立战略定力。

对任何思想的认识和评价，都依据于它对其赖以产生的那个时代及其特征的把握程度。而对时代、时代潮流和时代精神的科学把握，则是马克思主义及其继承者们在思想上一脉相承的特点，也是坚持实事求是思想路线的重要方面。新时代下，坚持实事求是的思想路线，需要明确三点内容。

首先，赋予马克思主义哲学"改变世界"以新的时代内涵，不断在国家治理体系和治理能力上取得突破性进展。进入新时代的中国特色社会主义在世界上的真正影响力，是建立在非西方化的国家和社会制度基础上的国家治理体系和治理模式，它有力地推动了科学社会主义在当代焕发生机活力。在制度创新基础上的综合创新，凸显了中国特色社会主义的强大生命力。这一制度创新的灵魂，就是把坚持中国共产党的领导全面融入现代国家制度和国家治理体系的建设之中，构建了与西方多党制截然不同的国家治理模式。

其次，客观看待经济全球化。冷静分析经济全球化所表现出的"双刃剑"效应，它并非经济全球化本身的问题，而是放任资本逐利的后果。资本的逐利本性在发展问题上表现为固守"冷战思维""零和博弈"和"赢者通吃"，而中国则展现出另一种发展思维，这就是"和平发展、合作共赢"。这一发展思维的特点，就是将他国的发展视为本国的机遇，将本国的发展转化为他国的机遇，在互利合作中实现共赢。正因如此，中国在自身不断发展壮大中，对于世界的影响力、感召力也不断增强，在当今的经济全球化中逐步从跟跑者转为领跑者。

第三，明确中国必须走区别于资本主义现代化的社会主义现代化道路。长期以来，西方对意识形态制造的"神话"，就是把西方发展模式标榜成所谓的"普世价值"，鼓吹"现代化即西方化"。实际上，资本主义现代化是不公平、不可持续的现代化。"一个国家实行什么样的主义，关键要看这个主义能否解决这个国家面临的历史性课题。"中国的社会主义现代化道路的开拓，打破了后发展国家必然沦为西方附庸的怪圈，给世界上那些既希望加快发展又希望保持自身独立性的国家和民族提供了全新的路径选择，为解决人类发展问题贡献了"中国方案"。

▶ "实事求是"把握社会主要矛盾创造人民美好生活

坚持实事求是的思想路线，还需要准确把握社会主要矛盾，并坚持一贯正确的"以人民为中心"利益导向,致力于不断创造人民美好生活。对中国特色社会主义进入新时代,对我国社会主要矛盾的变化,党的十九大报告作出了科学判断。在此基础上,中国共产党的工作重心和战略布局、总体布局也有了重大调整。正是坚持实事求是的思想路线,才能作出我国社会主要矛盾已从"人民日益增长的物质文化需要和落后的社会生产之间的矛盾"转变为"人民日益增长的美好生活需要和不平衡不充分的发展之间的矛盾"这一重大政治论断,在理论上突破了社会性质和主要矛盾必须完全一致的观点,使主要矛盾更加贴近历史发展的阶段性特征,解决了社会性质的相对稳定性和历史发展的绝对变动性的矛盾。我国社会主要矛盾的变化表明,人民美好生活需要日益广泛,不仅对物质文化生活提出了更高要求,而且在民主、法治、公平、正义、安全、环境等方面的要求日益增长。同时,我国社会生产力水平总体上显著提高,社会生产能力在很多方面进入世界前列,更加突出的问题是发展不平衡不充分,这已经成为满足人民日益增长的美好生活需要的主要制约因素。其中,最为重要的是,根据"人民日益增长的美好生活需要"确定经济社会发展的格局、重点和问题,突出"以人民为中心"的利益导向。离开这一利益导向,发展经济和解决需求就失去了客观标准,就会不断诱发出虚假的"解放思想"。

坚持"以人民为中心"的历史观,是保证实事求是的思想路线得以贯彻的重要基础。"人民群众创造历史"这一唯物史观的根本观点,在社会主义现代化建设新时期遇到的新挑战,就是坚持人民主体与调动个人积极性、党性和人民性如何更好统一的问题。全面贯彻以人民为中心的历史观和发展观,既夯实了坚持中国共产党领导、确保中国共产党长期执政的阶级基础和群众根基,也是对马克思主义哲学创新性运用取得的突出成就。把人民放在最高位置的执政理念,以人民为中心的发展思想,坚持人民主体地位的制度设计,把人民对美好生活的向往作为奋斗目标等,有力保证了全体人民同心同德、团结奋斗,努力实现伟大目标。

更为重要的是,以人民为中心不仅是当代中国的发展思想,而且是长期执政的中国共产党必须始终坚持的辩证唯物主义和历史唯物主义立场。

习近平总书记反复强调，"人民是历史的创造者，群众是真正的英雄"，这一历史唯物主义的基本观点不能丢；反复强调，"党性和人民性从来都是一致的、统一的"，核心就是坚持正确政治方向，站稳政治立场，坚定共产主义理想信念。这就把党性和人民性有机统一起来，纠正了一些人把"以人为本"解读为"以个人为本"的错误倾向。

▎ "实事求是"立足中国最大国情和最大实际

运用马克思主义哲学的世界观方法论提出时代之问并加以回答，是理论联系实际的前提，是实事求是的力量所在。坚持实事求是的前提，是把握"实事"，就是认清中国发展的基本国情和历史方位。党的十九大报告把我们今天所面对的实际，用"新时代"加以判断，是对当今历史阶段的科学概括；习近平新时代中国特色社会主义思想凝练回答这一"坚持和发展什么样的中国特色社会主义，如何坚持和发展中国特色社会主义"，同样把准了当代中国发展的脉搏。

习近平总书记强调："我们必须认识到，我国社会主要矛盾的变化，没有改变我们对我国社会主义所处历史阶段的判断，我国仍处于并将长期处于社会主义初级阶段的基本国情没有变，我国是世界最大发展中国家的国际地位没有变。"进入新时代的判断及其认识，是以习近平同志为核心的党中央坚持实事求是思想路线的清醒认识和科学判断。它既肯定了我们历史方位的变化，又清醒地认识到了我们的基本国情没有变、国际地位没有变的事实。提出"坚持和发展什么样的中国特色社会主义，如何坚持和发展中国特色社会主义"问题，从根本上说是告诫全党防止思想上的僵化，防止躺在已经取得的伟大成就上骄傲自满、固步自封，要不断地增强创新意识，始终保持忧患意识。它表明，一方面，我们必须毫不动摇地坚持和发展中国特色社会主义，这是党和人民历经千辛万苦、付出巨大代价取得的根本成就；另一方面，我们又必须真正面对中国特色社会主义在新的历史条件下所面临的新形势和新挑战，从思想观念、理论认知、方针政

1956年9月15日至27日,中国共产党第八次全国代表大会在北京举行。大会提出的党和国家主要任务是集中力量发展生产力的思想,对于社会主义事业的发展和党的建设具有长远的重要的意义。图为毛泽东在大会上致开幕词。

新华社 / 发

策到基本方略上进行重大调整,否则,坚持和发展中国特色社会主义就将成为一句空话。

  坚持和发展中国特色社会主义首先要有正确的历史定位,解决"从何处来"的问题。努力认识和掌握历史发展的客观规律性并加以自觉利用,形成中国共产党这一领导中华民族伟大复兴的政治核心力量,是中国特色社会主义形成的历史和理论前提。在中国特色社会主义和科学社会主义的关系上,习近平总书记明确指出,中国特色社会主义,是科学社会主义理论逻辑和中国社会发展历史逻辑的辩证统一,是根植于中国大地、反映中国人民意愿、适应中国和时代发展进步要求的科学社会主义。在中国特色社会主义与新民主主义革命、社会主义革命与社会主义建设的关系上,习近平总书记也明确提出,中国共产党领导的革命(包括新民主主义革命和社会主义革命)、建设和改革开放是一以贯之的伟大社会革命，不能进行拆分和加以割裂；改革开放前后的新中国历史是统一的、连续的过程，不能相互否定和割断历史。

坚持和发展中国特色社会主义还要进行准确的现实定位，解决"向何处去"的问题，中国特色社会主义进入新时代就是对此作出的科学判断。其所确立的历史方位，表明我们要坚定不移地把和平发展视为当今时代的时代主题和时代特征，我们仍然处在可以大有作为的战略机遇期；表明我们要把坚持和发展中国特色社会主义作为当代中国的全部理论和全部实践的主题，坚定不移地加以推进；表明我们要把坚持和平发展、合作共赢，推动构建人类命运共同体作为建立当代中国与世界关系的基石。所有这些，都建立在对于共产党执政规律、社会主义建设规律、人类社会发展规律的不断深化认识之上。

历史经验表明，什么时候坚持实事求是，我们党就能够形成符合客观实际、体现发展规律、顺应人民意愿的正确路线方针政策，党和人民的事业就能够不断取得胜利；反之，离开了实事求是，党和人民的事业就会受到损失甚至严重挫折。这是一条被实践反复证明了的真理。进入新时代，只要始终坚持实事求是的思想路线，就能时刻保持战略定力，就能引领新时代沿着坚持和发展中国特色社会主义的正确航向，就能确保中国发展稳健前行。

后 记

本书收录的30篇文章，选编自中央网信办和求是杂志社联合组织策划的"中国稳健前行"网上理论传播项目。这组系列文章由来自中共中央党校（国家行政学院）、中国社会科学院、国务院发展研究中心、地方党校和部分高校的专家学者撰写，陈先达、逄锦聚、侯惠勤、房宁等一批知名学者亲自执笔参与创作。系列文章在求是网首发后，引起了广大网民和社会各界的广泛关注，线上线下联动热议，为庆祝新中国成立70周年营造了良好的网上舆论氛围。

参与本书系列文章策划、统稿、编写、审读工作的同志有黄其正、符雷、于波、张西立、钱贤良、马建辉、袁立辉、甄澄、李达、刘东辉、刘小畅、刘中亚、宁德涛、吴晔、韩辰、张利英、李丹华、曾嘉雯、唐淑楠等。在编写过程中，求是网、红旗出版社、喜马拉雅FM等单位给予了大力支持，刘玉辉、毛传兵、徐澜、吴琴峰、李妍等同志参与了组织协调出版工作。在此，谨对所有给予本书帮助支持的领导和同志表示衷心感谢。

由于水平有限，书中难免有疏漏和不足之处，敬请广大读者对本书提出宝贵意见。

编者

2019年11月